MISTÉRIO E MAGIA
DO AMOR

MISTÉRIO E MAGIA DO AMOR

*Quando a mente está insuflada de amor,
somente a alegria eterna é experimentada*

Krishan Chopra, médico
(1919-2001)

Tradução
Constantino K. Kerovaeff

LAROUSSE

Título original: *The Mystery and Magic of Love*
Copyright© 2001 by Krishan Chopra
Originalmente publicado em 2001 por Hay House Inc. USA

Copyright© 2008 by Larousse do Brasil
Todos os direitos reservados.

Edição brasileira
Gerente editorial **Solange Monaco**
Editor **Isney Savoy**
Revisão **Cláudia Levy**
Capa **Renné Ramos**
Diagramação **SGuerra Design**
Produção gráfica **Marcelo Almeida**

Dados Internacionais de Catalogação na Publicação (CIP)
(Câmara Brasileira do Livro, SP, Brasil)

Chopra, Krishan, 1919-2001.
Mistério e magia do amor / Krishan Chopra ; tradução Constantino K. Korovaeff. -- São Paulo : Larousse do Brasil, 2008.

Título original: The mystery and magic of love.
ISBN 978-85-7635-305-8

1. Amor - Aspectos religiosos 2. Espiritualidade I. Título.

08-02738   CDD-291.5677

Índices para catálogo sistemático:
1. Amor : Aspectos religiosos : Religião comparada   291.5677

1ª edição brasileira: 2008
1ª reimpressão: 2009
Direitos de edição em língua portuguesa, para o Brasil, adquiridos por
Larousse do Brasil Participações Ltda.
Av. Profa. Ida Kolb, 551 — 3º andar — São Paulo — SP — CEP: 02518-000
Telefone: (11) 3855-2290 — Fax: (11) 3855-2280
E-mail: info@larousse.com.br
www.larousse.com.br

*À minha esposa, Pushpa, por suas lições silenciosas de espiritualidade.
A nossos filhos: Deepak, Sanjiv, Rita e Amita;
e netos: Priya, Mallika, Gauthma,
Kanika e Bharat – por seu amor ilimitado.*

SUMÁRIO

Prefácio 9
Agradecimentos 13

PARTE I – A ALMA INQUIETA NUMA JORNADA EM BUSCA DA VERDADE 15

Capítulo 1 – A jornada para o céu 17
Capítulo 2 – Sacrifício é uma peregrinação para Deus 21
Capítulo 3 – Perseguindo o conhecimento 27
Capítulo 4 – Descoberta da verdade eterna 33

PARTE II – MISTÉRIO E MAGIA DO UNIVERSO, DA VIDA E DO AMOR 37

Capítulo 5 – Origem do universo 39
Capítulo 6 – Origem da vida 47
Capítulo 7 – Origem do amor 53
Capítulo 8 – A jornada da vida no caminho do amor e da integridade 57
Capítulo 9 – Vida humana: uma peregrinação do útero a *moksha* 67

PARTE III – A BATALHA DA VIDA É A BATALHA DOS DESEJOS CONTRÁRIOS … 75

Capítulo 10 – A inveja e a não realização dos desejos levam à raiva … 77
Capítulo 11 – A batalha da vida é a batalha dos desejos contrários … 85
Capítulo 12 – Alcançando as praias da imortalidade pela conquista da vida e da morte … 89

PARTE IV – O ELIXIR DO AMOR: A ÚNICA RIQUEZA DIGNA DE SE POSSUIR NA VIDA … 95

Capítulo 13 – O espírito do amor … 97
Capítulo 14 – A vida humana é uma dádiva do amor … 103
Capítulo 15 – A arte de doar no amor … 107
Capítulo 16 – Parecendo ser o que você não é … 111
Capítulo 17 – O Taj Mahal: uma canção de amor em mármore ou um símbolo da autoglorificação do xá Jahan? … 117
Capítulo 18 – O amor aparece sob muitos disfarces … 121

Epílogo … 131
Glossário … 135

PREFÁCIO

A vida é um mistério – resolva-o.
A vida é um desafio – enfrente-o.
A vida é amor – desfrute-o.
— Madre Teresa.

Alguém perguntou o que me inspirou a escrever um livro chamado *Mistério e magia do amor*. É muito simples: foi o amor ilimitado e incondicional derramado sobre mim e minha esposa, Pushpa, por nossos filhos e netos. Quando o amor lhe é concedido, ele preenche seu coração com alegria e leva-o para mais perto da fonte do amor – e não importa como você chama essa fonte: Eu Superior, Espírito, *Brahman* ou Deus. O amor é fonte de potencial ilimitado e lhe permite sentir-se seguro ao saber que você não está sozinho.

❖❖❖

Outro nome para o amor é *Verdade*, e a ideia de escrever um livro sobre o mistério e magia do amor foi também inspirada na história de Naciketas, baseada num dos principais *Upanishads*, intitulado *Kathopanishad*.

Os *Upanishads*, também conhecidos como *Vedanta* (os sagrados escritos filosóficos hindus), contêm lendas e mitos que ilustram a essência da moral e da verdade espiritual. São presentes preciosos que nos lembram de nossa natureza divina e possuem um charme intemporal que continua a lançar encantamentos sobre a vida humana, mesmo em tempos modernos. Os antigos sábios indianos acreditavam que os *Vedas* – textos hindus sobre o conhecimento "real" – foram criados pelo alento de Deus. Esses textos contêm invocações poéticas, orações e palavras sábias que são relevantes ainda hoje, falando sobre o que é necessário para uma existência pacífica e feliz.

Naciketas era um jovem que buscava a verdade e a felicidade, que procurava compreender o que é o amor. (Minha interpretação da história original foi ligeiramente modificada, porém, sem mudar sua premissa fundamental). Ele explorava o reino do espírito e formulava questões intemporais, como: "quem sou eu?", "o que faço aqui?", "existe o céu, e se assim for, como posso alcançá-lo?", "são possíveis a paz eterna, o amor e a felicidade?"

Conto essa história porque acredito que, se a humanidade deve sobreviver, a violência precisa ser substituída pelo amor e pela compaixão, temas essenciais da história de Naciketas. Porém, antes é preciso superar o medo.

A humanidade realizou muitas conquistas em ciência e tecnologia durante o último século, particularmente nos últimos 50 anos. Se esses conhecimentos fossem usados apropriadamente, poderiam ajudar-nos a abolir a pobreza, o analfabetismo, o desemprego e a fome. Infelizmente, essas vantagens foram (e têm sido) usadas também para destruir a espécie humana. A corrida pelo "poder" continua, o que envolve criar armas de destruição em massa; há evidências de violência incessante, com seus alicerces fincados no medo.

O medo é criado pela ilusão de que somos independentes, separados uns dos outros. De nosso medo nasce a insegurança, base da voracidade, do ódio, do ciúme, da raiva, da falta de contentamento, da arrogância, das palavras ásperas, da falsidade e do "ego" – a raiz da emoção negativa responsável pela miséria e infelicidade no mundo.

O propósito deste livro é *difundir a mensagem do amor*. Uma vez que a mente é insuflada pelo amor, apenas a alegria eterna será experimentada. A partir do amor, nascem a verdade, a honestidade e a confiança – o que leva à caridade, à compaixão, à devoção, à dedicação, à disciplina, à gratidão, ao contentamento, à capacidade de perdoar e esquecer, à humildade, ao discurso suave e à generosidade.

O conhecimento e a sabedoria dos antigos e modernos sábios, santos e pensadores, como são partilhados nas páginas deste livro, nos guiam para uma vida de amor e plenitude. O amor deveria ser o fundamento de *todos* os nossos pensamentos e ações. O amor de Deus e por Deus manifesta-se na forma do amor que dedicamos aos seres que nos acompanham; o *verdadeiro* amor humano pode alcançar grandes alturas e se tornar divino.

Portanto, juntemo-nos todos à jornada para criar o céu na Terra, onde participaremos de um jogo que irá assegurar o amor por tudo e por todos.

❖❖❖

AGRADECIMENTOS

Meus sinceros agradecimentos a Leon Nacson, editor do jornal *The Planet*, da Austrália, por sua orientação e por apresentar-me a Rachel Eldred, uma editora brilhante e crítica. Também devo gratidão ao senhor Brij Mohan Tiwari, por digitar o texto, sorrindo.

Agradecimentos especiais a meus colegas: Dr. H. K. Chopra e Dr. K. K. Aggarwal; à equipe da Fundação de Cuidados com o Coração, da Índia; e ao Grupo I. J. C. P. de Publicações, de Nova Déli, por seu amor e ajuda espontânea, especialmente durante a preparação deste manuscrito.

Permissões para reprodução de citações são gratamente reconhecidas. Agradeço à Vikas Publishing House e ao Prof. Mary T. David.

❖❖❖

Parte I

A ALMA INQUIETA NUMA JORNADA EM BUSCA DA VERDADE

Capítulo Um

A JORNADA PARA O CÉU

*Se você for ao céu sem estar naturalmente qualificado
para isso, você não irá se divertir.*
– George Bernard Shaw

Vajasravasa era conhecido como um homem estudado, que havia adquirido o conhecimento das escrituras com seu pai e outros estudiosos. Seu pai era famoso por sua riqueza e sabedoria, e adorado pela caridade e compaixão. Durante a vida, ele realizara muitos rituais, submetera-se a muitos sacrifícios, e, antes de morrer, entregou quase tudo o que possuía para a caridade. Dizia-se que havia ido para o céu e alcançado a imortalidade.

Vajasravasa sabia do prestígio de seu pai, e, com o passar dos anos, passou a sentir um ardente desejo de também ser conhecido e reconhecido como um grande sábio, embora soubesse, no mais íntimo de seu coração, que não o era, realmente. Ele sentia muito medo da morte (todo mundo sente), mas sabia que um dia iria morrer e quando isso acontecesse, ele queria alcançar o céu. Mas para isso, Vajasravasa sabia que teria de se submeter a algum sacrifício, de modo que organizou um *Yajna*, um ritual de sacrifício. Ele então se ocupou preparando o *Yajna*, sem perceber o significado e o sentido *real* da caridade e do sacrifício.

Vajasravasa havia conseguido criar uma imagem de si mesmo como a de um homem estudado, embora soubesse que seu conhecimento era muito limitado. Ele não apenas dava a impressão, mas anunciava abertamente que iria renunciar a tudo que tinha conquistado durante a vida, em benefício dos eruditos sacerdotes que oficializassem o ritual. Mas no fundo ele não dizia a verdade.

O pai de Vajasravasa havia dado tudo para a caridade sem deixar nada para o filho. Mas Vajasravasa recebera um grande dote ao se casar, alcançando, assim, grande riqueza sem esforço. Bem, pode-se enganar a todo mundo, mas não se pode enganar a si mesmo. Vajasravasa sabia que fingia ser o que não era – ele, na verdade, não estava doando tudo o que possuía, mas apenas aquilo que não queria mais, pois retinha em silêncio tudo que ainda lhe poderia ser útil. (Mesmo que as pessoas deem algo que admiram e gostam, se for algo que adquiriram por meios desleais, isso não é caridade. As escrituras rejeitam a caridade feita por quem explora os demais.)

Vajasravasa, ainda assim, pensava que iria alcançar o céu, como seu pai. Depois de terminados os rituais e de ele ter dado tudo o que possuía, Vajasravasa anunciou que iria embora para a floresta, a fim de levar uma vida de ermitão, meditando por sua salvação. Mas na realidade não tinha intenção real de fazer isso. Ele sabia que seu filho, Naciketas, o amava e não o deixaria partir para a floresta e viver por si próprio. Só que Naciketas, embora soubesse que a mente do pai estava concentrada no ritual do sacrifício, não entendia suas reais implicações.

Naciketas observou seu pai dar o gado aos sacerdotes e a outras pessoas necessitadas, mas também percebeu que apenas as vacas velhas que não davam leite estavam sendo doadas. "*O que meu pai irá alcançar dando essas vacas velhas e estéreis que ele não quer mais?*", pensou Naciketas. "*Isso não é nenhum sacrifício. Meu pai está fazendo tudo isso em troca de fama, e para alcançar o céu.*"

Naciketas não ficou preocupado com o desejo de fama e glória do pai, nem mesmo com seu desejo de alcançar o céu. Ficou preocupado porque sabia que o pai tinha consciência do que estava fazendo, e também porque sabia que ele acabaria se sentindo culpado. (Não existe um Deus aguardando-o em algum lugar do céu para puni-lo, mas o sentimento de culpa, este sim, é um veneno lento, capaz de punir e matá-lo no devido tempo.)

— A quem você me dará, eu que sou a última de suas posses? — perguntou Naciketas ao pai.

Vajasravasa compreendeu as verdadeiras implicações da pergunta, e, num acesso de fúria, explodiu:

— Para a morte eu o darei!

E foi assim que Naciketas deixou a casa do pai e alcançou os domínios da morte.

❖❖❖

Capítulo Dois

SACRIFÍCIO É UMA PEREGRINAÇÃO PARA DEUS

*Cada ato de sacrifício vem do amor
pela criação de Deus.*

– Jesus

Quando Naciketas chegou ao pórtico do palácio da morte, o Senhor Yama, deus da morte e do conhecimento, estava ausente, em um de seus giros pelo mundo. (No Período Védico, o Senhor Yama não era considerado um deus feroz ou um senhor da consternação ameaçador, mas, sim, um filósofo e guia que escoltava as pessoas até os portões do céu.)

Naciketas esperou por três dias e três noites pelo regresso do Senhor Yama; quando ele retornou, o Senhor Yama então ouviu a história de Naciketas. Apreciou suas ideias sobre a caridade, o sacrifício e a verdade. E sentiu remorsos porque um filho talentoso e inteligente, que deveria ter sido tratado como um hóspede honorável, não recebera os devidos cuidados. O Senhor Yama disse que acontecera ali uma séria falha de hospitalidade – mas, na verdade, Naciketas não quisera comer e beber quando lhe foi oferecido, porque desejava encontrar-se antes com o Senhor Yama.

O Senhor Yama declarou que iria enviar Naciketas de volta ao pai, e, como recompensa por sua sabedoria e paciência, concederia-lhe três desejos.

Naciketas, um filho zeloso que amava o pai de coração, disse:

— Senhor Yama, agradeço-lhe pela decisão de enviar-me de volta ao meu pai. Como primeiro desejo, peço-lhe que meu pai esteja em paz, que me reconheça e me aceite quando eu voltar.

O Senhor Yama concedeu o primeiro desejo a Naciketas e assegurou-lhe que seu pai ficaria feliz por ver o filho liberado das mandíbulas da morte.

Quanto ao segundo desejo, disse Naciketas:

— No céu não existe o medo. Ninguém teme a idade avançada. Aqui, todos atravessaram a fome e a sede, indo para além do pesar. O senhor conhece aquilo que permite aos humanos entrar no céu. Por favor, instrua-me sobre isso, pois desejo saber como aquele que busca o céu alcançará a imortalidade.

Essa foi, então, a resposta do Senhor Yama:

— Sim, eu sei tudo sobre o céu e o conhecimento que leva até ele. Agrada-me muito o seu ardente desejo de saber mais a respeito do céu.

"O céu não fica 'lá em cima', em algum lugar do firmamento; não é um planeta distante em outra galáxia. Céu e inferno são estados da mente, são diferentes planos da consciência. Você pode viver no céu enquanto for mortal, e assim não terá medo da idade avançada e verá a morte como um simples evento no *continuum* da vida. Fome e sede não irão incomodá-lo porque você estará em beatitude, e sua capacidade de amar e servir a seus irmãos seres humanos nunca irá diminuir.

"Para compreender isso, falarei sobre o conhecimento de *Agni* (fogo). Saiba que esse é o suporte e a força do universo, sua sede está no coração. A fonte de *Agni* é o sol. O sol emite calor e luz, é armazenado como energia. Toda a vida na Terra – plantas, animais, seres humanos – depende dele. É a essência da vida... Mas também pode destruí-la.

"O fogo do apego, quando se volta para a realidade (a verdade), leva-o ao céu na Terra. Aqui, no céu, o ego existe em sua forma mais sutil. O indivíduo flui para sempre com as qualidades divinas do amor, do serviço desinteressado, da verdade, da gratidão e da capacidade de perdoar e esquecer. Por outro lado, o apego ao mundo material causa preocupação, ansiedade e prazeres transitórios.

"Em tempos remotos, as pessoas veneravam os poderes do mundo físico – o sol, a lua, o vento, a chuva, o fogo, o céu e a Terra – e também os deuses e deusas que presidiam a natureza. Algumas pessoas na Índia ainda veneram esses deuses e deusas, mas compreendem que são símbolos ou expressões do 'Um'. Essa forma de veneração não era praticada apenas na Índia, mas também na Grécia, Roma e em outras culturas antigas, onde se dizia que sacrifício e ritual se opunham ao poder das trevas que nos roubava a luz (isto é, o fluxo da verdade e o caminho para o céu).

"O sacrifício e os rituais 'externos' são usados, nos *Vedas*, como símbolos do sacrifício e da autoentrega 'internos'. Nós damos o que somos e o que temos. Nós damos o que temos de modo que as riquezas da verdade e da luz divina possam descer sobre nossas vidas e se tornar o alicerce de quem somos, levando ao pensamento correto, ao entendimento correto e à ação correta.

"Nosso sacrifício é uma jornada – uma peregrinação – em direção a Deus, à verdade e à realidade, e empreendemos essa viagem com *Agni*, a chama interior."

❖❖❖

O Senhor Yama ficou impressionado com a mente inquisitiva e o espírito dedicado de Naciketas. O rapaz não havia expressado um desejo egoísta, não fizera um pedido em benefício próprio ou procurando pela libertação pessoal. Ele apenas queria saber como os seres humanos podiam alcançar a imortalidade. Era um aluno ideal, mostrava sinais de florescimento espiritual. O Senhor Yama compreendeu que o que Naciketas *realmente* desejava saber dizia respeito ao infinito, ao eterno princípio de Deus.

O Senhor Yama decidiu estabelecer sobre Naciketas o "sacrifício do fogo" – que passaria dali por diante a ser chamado "Fogo de Naciketas" – e pediu a Naciketas que o aceitasse, como um presente, uma guirlanda de gemas de diferentes cores e tons. A guirlanda iria abençoar Naciketas, dando-lhe poderes neutralizadores sobre o ego, assim como energia ilimitada para se empenhar no amoroso serviço a ser prestado a seus irmãos, os seres humanos, após seu retorno à Terra. Ela proporcionaria a Naciketas paz pessoal e tranquilidade, sob todas as circunstâncias, favoráveis ou desfavoráveis.

O Senhor Yama explicou o sacrifício do "Fogo de Naciketas" ao próprio Naciketas: disse que seria a fonte de tudo de "bom" e o destruidor do mal no mundo. E acrescentou:

— Compreenda, Naciketas, eu declaro que todo aquele que realizar o sacrifício do "Fogo de Naciketas" por três vezes, depois de compreender o seu significado, irá alcançar a paz duradoura e superar o nascimento e a morte. (Há muitos fatores "tríplices" na vida – inclusive mente, corpo e espírito; pai, filho e Espírito Santo, ou *Shiva*, *Brahman* e *Vishnu* – daí o tríplice "Fogo de Naciketas" para o sacrifício.)

O Senhor Yama então se deu conta de que havia oferecido três desejos a Naciketas e pediu-lhe para manifestar o terceiro.

Naciketas disse:

— Tenho uma dúvida: quando um homem está morto, alguns dizem que ele existe e outros dizem que não. O que é certo?

— Sobre essa questão, mesmo os deuses têm opiniões diferentes — disse o Senhor Yama. — Naciketas, escolha outro desejo. Não me pressione com este.

— Senhor Yama, pensei que havia concordado em ser meu professor. Precisa conceder-me esse pedido... não tenho desejo por nenhum outro. — replicou Naciketas.

— Escolha filhos ou netos que possam viver cem anos ou mais; peça rebanhos de gado, elefantes, cavalos, tesouros de ouro e joias; ou um vasto território sobre a Terra. Peça riqueza e longevidade. Você pode ser um rei na Terra. Satisfarei cada um de seus desejos, mas não me pergunte sobre a alma após a morte.

— Todas essas coisas passarão. Mesmo a vida mais longa é curta. Eu anseio somente pelo desejo que manifestei — implorou o jovem Naciketas.

O Senhor Yama ficou impressionado, embora não inteiramente convencido de que Naciketas iria compreender o conhecimento denso e intricado que envolve a alma após a morte, mas Naciketas insistiu que estava pronto para o desafio.

❖❖❖

Capítulo Três

PERSEGUINDO O CONHECIMENTO

Eles voltarão mais outra e outra vez, enquanto a terra vermelha rolar. Ele nunca desperdiçou uma folha ou uma árvore, acha você que ele esbanjaria almas?
— Rudyard Kipling

Naciketas estava convencido de que mesmo vivendo um, dois, cinco ou quinhentos anos, a morte sempre espreita no final, gerando eterna insatisfação e incompletude, a não ser que se saiba o que acontece depois da morte.

— Guarde suas carruagens, sua riqueza e sua música; ensine-me o conhecimento que há pouco concordou em partilhar comigo — disse Naciketas. — Sei que a riqueza pode oferecer conforto a um mortal, mas isso não garante que ele seja feliz. A felicidade só chega quando você conhece o propósito da sua vida e sabe quem você é.

O Senhor Yama estava convencido da sinceridade de Naciketas em querer saber tudo sobre a percepção de si mesmo. Sabia que todos os desejos humanos haviam sido oferecidos a Naciketas – inclusive o domínio do mundo inteiro – e, no entanto, com a força de sua sabedoria, Naciketas rejeitara tudo porque estava convencido de que o transiente nunca poderia alcançar o eterno.

Naciketas tinha todas as qualidades de quem busca a verdade e o amor: tinha um aguçado sentido de discriminação (chamado *viveka*, em sânscrito), e, como a *hamsa*, podia distinguir entre o real e o irreal. (De acordo com várias lendas, a *hamsa*, branca como a neve – ave aquática encontrada nos Himalaias – é dotada de um grande senso de discriminação. Diz-se que é capaz de mergulhar o bico numa mistura de leite e água e beber só o leite, deixando a água para trás.)

Naciketas também tinha o espírito da "despaixão", que é o espírito do desapego dos frutos de suas ações (conhecido como *vairagya*, em sânscrito). Ele não fugiria do mundo. Ele poderia estar no mundo, mas não ser do mundo. Em outras palavras, ele não desejava pedir o mundo. Sua mente não era agitada, nem ele queria agitar o mundo. Estava em paz consigo e em paz com o mundo. Tinha autocontrole. E acima de tudo, tinha um profundo e ardente desejo da autorrealização. Sabia que a realidade – a verdade – não tem substituto.

O Senhor Yama disse a Naciketas:

— Conheça o eu como o senhor de uma carruagem. Considere o corpo humano como a própria carruagem, o intelecto como o condutor, e a mente como as rédeas. Os sentidos são os cavalos; e os objetos dos sentidos, as estradas.

"Se o condutor (intelecto) não sabe diferenciar nada e deixa as rédeas (mente) soltas, então os cavalos (órgãos dos sentidos) correrão para cá e para lá ao longo da estrada (objetos dos sentidos). A carruagem (corpo) ficará arruinada por sensações em excesso e nunca alcançará o final da jornada da vida. Mas se o condutor deseja desfrutar esta vida e a vida vindoura, acelerando sua evolução, seu senso de discriminação deverá estar sempre alerta, com a mente sempre sob controle para dirigir apropriadamente os órgãos dos sentidos e alcançar o final da jornada.

"Acima de tudo na vida, os seres humanos são motivados a serem felizes. Esse parece ser o objetivo último. Para chegar a ele, as pessoas escolhem um entre dois caminhos: um, é o caminho do bem, o caminho dos feitos retos, virtuosos e compassivos; outro é o caminho do agradável, o caminho que agrada aos sentidos ou à mente. O caminho do agradável é mais atraente. Desejamos que os prazeres passageiros voltem mais e mais vezes; e se não voltam, experimentamos a dor e podemos adotar meios ilícitos para obter prazer, que podem não ser do interesse de nossos irmãos seres humanos. O caminho do agradável é o caminho da ignorância, enquanto o caminho do bem é o caminho do conhecimento.

"Ao seguir o caminho do bem, isto é, não se opondo ao desagradável ou à ausência de ganhos materiais imediatos, você galga os degraus da escada da evolução, e alcança a felicidade duradoura e um estado permanente de alegria e paz interiores.

"É o ignorante que vive em meio à escuridão. Ele escolhe caminhar por aí enganado e assim realizar desejos egoístas de acumular riqueza. Ele desfruta e sofre. E também esquece de sua natureza 'real'. O sentido do ego, o 'eu', domina e é a causa do sofrimento. Nem o propósito da vida, nem saber o que acontece após a morte preocupam gente assim. Essa gente é enganada pelo *glamour* da riqueza. Nunca feliz, cai muitas e muitas vezes no ciclo de morte e renascimento. Na verdade, uma pessoa assim geralmente se sente vazia por dentro e é infeliz apesar da riqueza acumulada.

"Muitas pessoas nunca ouviram nada sobre a consciência, o Eu Superior ou o espírito, mas as vezes que ouviram não foram capazes de compreendê-los. Um ser humano que pode ensinar sobre o Eu Superior é maravilhoso, e igualmente maravilhoso é o aluno que pode compreender o Eu Superior, a consciência ou *Brahman* (Deus). Aprender a respeito ou recitar seu nome não é suficiente – alguém só pode experimentar Deus quando compreender a vida aqui e agora, assim como a vida por vir."

❖❖❖

O Senhor Yama estava agora plenamente convencido de que havia encontrado um discípulo merecedor, alguém que poderia compreender e assimilar a verdade eterna. Sabe-se bem que um professor às vezes pode sentir ciúme de um estudante brilhante, assim, para defender-se disso, o Senhor Yama recitou uma invocação de paz.

Disse então a Naciketas que a pessoa que realmente busca a verdade pode descobrir e percebê-la como "isto eu sou" (*avam ahum asmi*). Trata-se de uma experiência pessoal íntima, a realidade que se encontra além do intelecto, para além do "eu" e de "mim". O princípio da verdade é o "mim" real. Ele controla e dirige o corpo, a mente e o intelecto: é o senhor da carruagem, é a alma incorporada. A alma incorporada é como uma onda – pode-se pensar por um momento que ela está isolada, mas não – ela é o oceano. A alma incorporada é a centelha da vida que ilumina o corpo, a mente, o intelecto e o ego.

O Senhor Yama disse:

— Exatamente como o olho é um instrumento para ver coisas, embora nunca possa ver a si mesmo, a centelha da vida – a alma – não pode ser vista; pode apenas ser percebida ou experimentada. Muitos pensadores, estudiosos, poetas e filósofos antigos pensam que a alma está localizada no coração, mas isso é usado apenas como metáfora. A alma é o todo-permeante e pode ser observada e experimentada através da prática da meditação.

"Houve uma época em que os cientistas, desacreditando na existência da alma, decidiram pesar o corpo antes e depois da morte, mas não encontraram nenhuma diferença de 'peso'. Eles concluíram que 'nenhuma alma' existia porque nada havia deixado o corpo. Alguns deles admitiram até que o experimento revelava que, se havia uma alma, ela provavelmente não pesava nada."

O Senhor Yama prosseguiu salientando para Naciketas que o estado *Hiranyagharbha* ("Embrião de Ouro", em sânscrito), como é mencionado nas Escrituras Indianas, é o primeiro estado da emergência do não manifesto para o manifesto mundo "material". É o broto que nos espia para começar sua jornada como árvore. O mesmo se diz de outras manifestações que constituem o universo, as quais são suportadas pelo estado de *Hiranyagarbha*.

— Ele foi descrito como "a ampla abertura do amanhecer". De acordo com os antigos hinos indianos da criação, os *Vedas*, trata-se do primeiro que nasceu durante o processo de criação. É o celestial plano da consciência no reino da mente total ou cósmica, e pode levar a um processo de abertura gradual. De acordo com os *Vedas*, há uma transformação onde a suprema realidade, consciência ou Deus, ordena o não manifesto manifesto. Ele é o Criador, e Ele está dentro de todos nós. O mundo material, as galáxias, as estrelas, as florestas, os rios e o mundo todo são expressões da mesma consciência suprema — disse o Senhor Yama, concluindo: — *Hiranayagarbha* existia antes de todas as outras manifestações. É a força de tudo o que foi, é, e será.

❖❖❖

Capítulo Quatro

DESCOBERTA DA VERDADE ETERNA

Nada no mundo purifica como a sabedoria espiritual.
— Sutra da Grinalda

O Senhor Yama lembrou a Naciketas que a verdade eterna é mais sutil que o estado *Hiranayagarbha*, mas quem busca por ela percebe. A percepção "isto eu sou" é uma experiência íntima, pessoal, que controla e dirige o corpo, a mente e o intelecto. É antiga – nunca nasceu, nem irá conhecer qualquer decadência ou morte.

O *atman* (ou a verdade), que vitaliza, controla e dirige o intelecto, a mente e o corpo, reside nos mais íntimos recessos do coração, que é a morada de *Brahman*.

Após aprender e captar a ideia de "realidade", o eu sutil em Naciketas rejubilou-se porque havia obtido aquilo que é a causa de todo júbilo. O Senhor Yama pensou que a morada de *Brahman* (Deus) ainda estava aberta para Naciketas e assim continuou a realizar seu terceiro desejo.

O Senhor Yama explicou que todos desejam ir para o céu, mas ninguém quer morrer porque as pessoas têm medo da morte.

— Antes de discutirmos a questão sobre o que lhe acontece depois da morte, precisamos saber quem somos. Da morte de quem estamos falando? Vamos usar um exemplo simples, que explicará a questão vital de quem somos nós, e, consequentemente, o que são o espírito, a consciência e a morte. Digamos, por exemplo, que quando criança você não gostava da escola, mas, depois, quando se tornou adolescente, começou a gostar dela. Você tinha mais vigor, alcançava metas e desejos, mas o "você real" não mudou. O "você real" observou a mudança. Digamos que você esteja passando pela velhice agora; se você gosta ou não, não importa. A verdadeira questão é: o que você está observando?

"Seu corpo e o mundo físico estão sujeitos a mudanças, mas o 'você real', o observador, é o mesmo e está ali através da vida e da morte. O observador é o seu eu verdadeiro: imortal, silencioso e imutável. É a esse observador, o 'você real', que chamamos de espírito, consciência ou percepção.

Além disso, há o estado de consciência divina. Você está 'no mundo', mas não é 'do mundo'. Isso significa que você está festejando o Eu Superior enquanto trabalha no mundo. Além disso, você vê o seu Eu Superior (Deus) em todo objeto. Isso é a consciência de Deus. Há ainda a consciência da unidade, em que o observador, o método de observação e o objeto da observação são um só: 'eu sou o universo' (*aham braham asmi*).

"Em outras palavras, além dos sentidos, está a mente; além da mente, o intelecto; além do intelecto, a alma incorporada; além da alma incorporada, o espírito supremo, a superalma, a realidade eterna. Uma vez que percebemos que estamos na glória eterna e além de toda a dor, paramos de correr atrás de prazer, e, assim, evitamos cair nas ciladas da morte.

"Alguém que busca como você, Naciketas, pode descobrir a verdade eterna e percebê-la como 'isto eu sou'. O verdadeiro você, a alma, nunca irá morrer, pois não está sujeito à decadência ou à morte. No *Bhagavad Gita* está escrito que exatamente como uma pessoa se desfaz de roupas velhas para vestir novas, a alma incorporada, tendo descartado o corpo desgastado, encontra um novo.

"Mas os problemas surgem quando nos identificamos com o corpo e o mundo material. Quanto mais você está envolvido com o mundo material e mais distante se encontra do 'você real', tanto mais você é jogado entre bem e mal, prazer e dor, boa e má fortuna. O pêndulo oscila entre prazeres transitórios e as profundezas do desespero.

"O conhecimento da verdade também pode ser chamado de a verdadeira natureza do ser. Todas as compreensões incorretas desaparecem quando se abre a percepção de que você é consciência pura ou percepção imortal.

"Não estamos isolados, separados. Você está em mim e eu estou em você, mas o nosso estado de consciência costumeiro não percebe isso. Continue perguntando: 'quem sou eu?' – Raman Maharishi diz que essa é a única maneira de pôr um fim à miséria e introduzir-se na verdade.

"Isso não significa que você precisa renunciar ou afastar-se da vida material para cultivar a vida do espírito. O afastamento de que falamos é aquele de um tipo mais sutil. A paz na mente e a beatitude não chegam com a restrição da mente imposta à força, mas, sim, quando permitimos que 'desfrute o interno', afastando-se espontaneamente da identificação com o excessivo apego ao mundo material."

O Senhor Yama ensinou a Naciketas que a verdade é alcançada através da meditação; a percepção do eu na meditação é chamada *samadhi* (estar quieto). Com esse conhecimento, Naciketas pôde alcançar a iluminação – um estado no qual o *samadhi* é mantido juntamente com *toda* a atividade. A pessoa iluminada vê o eu em tudo, e vê tudo como o Eu Superior. O que essa pessoa faz agora? Há um ditado zen que diz: "Ele rachava lenha e carregava água antes da iluminação; ele racha lenha e carrega água depois da iluminação."

Naciketas percebera que, enquanto alguém está envolvido com atividades mundanas, estas precisam residir no Eu Superior em todas as ocasiões. Naciketas, o amor de Deus e Deus eram um só, o mesmo. Naciketas era agora um homem autorrealizado, um *Jiwan Mukta*. Já era então tempo de ele voltar para casa, para seu pai.

❖❖❖

Quando Naciketas regressou, pessoas de todas as idades se reuniram ao seu redor, ansiosas por ouvirem a história de sua jornada para o Senhor Yama. Ele lhes contou tudo que havia aprendido com o Senhor Yama. Daí por diante, a cidade se transformou na cidade da alegria. O amor era o modo de vida. Todos eram abastados material e espiritualmente; nem o pesar, nem o sofrimento existiam. Ninguém era visto como inferior a qualquer outra pessoa. A vida mesquinha de preocupação e ciúme foi substituída pela vida perene de sol, paz e felicidade. Isso, então, era o céu na Terra.

❖❖❖

Parte II

MISTÉRIO E MAGIA DO UNIVERSO, DA VIDA E DO AMOR

Capítulo Cinco

ORIGEM DO UNIVERSO

Quem sabe verdadeiramente?
Quem pode declarar em que lugar ele nasceu,
em que lugar foi essa manifestação?
— Rig Veda

Paramhansa Sri Rama Krishna (1836-1886), um místico indiano, disse certa vez: "O mágico levanta sua varinha e diz 'venha ilusão, venha confusão, abram a tampa do pote'. Você então vê pássaros voarem para fora e para o alto, e você se distrai, embora saiba que essa magia é um truque. A magia é irreal, apenas o mágico é real.

"Olhe para as galáxias, as florestas, as montanhas, os oceanos, para os homens jovens e velhos, para mim, para si e para todas as coisas animadas e inanimadas. Essa é a magia real do amor divino do Criador."

❖❖❖

No *Chandogya Upanishad,* está escrito que algumas pessoas acreditam que no princípio havia apenas o Não-Ser, e o Não-Ser deu nascimento ao Ser – a não existência deu lugar à existência. A maioria das pessoas acredita que o Puro Ser estava aqui no princípio – eterno, sem princípio ou fim. Então o Puro Ser pensou: "Posso me tornar muitos? Posso assumir forma e criar luz, águas e terras?" Dessa maneira, o universo inteiro nasceu do Puro Ser.

Todas as criaturas são manifestações do mesmo e único "Ser", embora sejam elas tigre, leão, lobo, javali, humano ou mosca. Todos os rios, não importa se fluem para o oeste ou para o leste, surgem do oceano e retornam para o oceano. Eles não ficam pensando "eu sou este rio, eu sou aquele rio."

Do mesmo modo, todas as criaturas, quando se fundem novamente no "Ser", não se lembram que surgiram daquele "Ser" e passaram pela vida como esta ou aquela criatura. É exatamente como se você pegasse uma pitada de sal e a colocasse num copo de água – o sal não pode ser visto, mas ele impregna todas as partes da água. Da mesma maneira, o Eu Superior impregna todas as partes do universo.

Cheia de seiva (sua energia vital), uma grande árvore se mantém firme, absorvendo e desfrutando de sua nutrição. Se a seiva for retirada de um ramo, o ramo morre. Se ela é retirada de toda a árvore, toda a árvore morre. Do mesmo modo, quando a centelha da vida (ou *prana*) é retirada do corpo, o corpo morre, embora o Eu Superior continue vivendo.

No *Bhagavad Gita*, Krishna disse: "Se eu permanecer em descanso por um momento, este universo será destruído." (Krishna representa a superalma, a consciência, *Brahman* ou Deus – o ilimitado potencial de energia criativa.)

É interessante que a palavra sânscrita para "origem do universo" se traduza como *projeção*, e não criação, o que sugere um movimento de onda que continua através da eternidade.

Swami Vivekananda (1862-1902), o grande sábio e reformador indiano, disse há 100 anos que, embora a palavra *criação* seja usada nas escrituras para se referir à origem do universo, isso não significa que o mundo tenha sido criado em algum tempo em particular – isto é, Deus não veio, criou o mundo e então foi-se embora. Não, a energia criativa ainda está criando!

Ele disse mais: que tudo o que vemos, sentimos, tocamos ou provamos ao nosso redor é simplesmente uma manifestação diferente de *akasha* (espaço). Terra, sol, lua, estrelas, florestas, montanhas, rios, nossos corpos, nossas mentes e nossos pensamentos – o universo inteiro – têm *akasha* em seu fundamento. Uma energia vital chamada *prana* atua sobre *akasha* e o universo é projetado para a "realidade". Ele sempre esteve ali na forma de semente, dormente no oceano de *akasha*.

Swami Vivekananda explicava a origem do universo baseado em antigas escrituras indianas. O curioso é que, no final do século XIX – portanto, mais de três décadas depois da morte de Vivekananda – um astrônomo americano, Edwin Hubble, fez uma espantosa descoberta baseada em pesquisas científicas: o universo estava se expandindo e as galáxias afastando-se umas das outras a velocidades muito altas. Descobriu ainda que quanto maior a distância de separação entre as galáxias, maior a velocidade. Essas observações sugeriram que há muito tempo a matéria do universo devia estar aglutinada, concentrada numa bola sólida de densidade e temperatura infinitamente altas.

A teoria do Big Bang, atualmente o mais aceito modelo de "origem do universo" no mundo científico, originou-se das descobertas de Hubble. Diferentemente de outras ciências, a astronomia é mais observacional do que experimental, e toda a informação obtida é derivada de medidas de radiação. *Radiação* é um termo geral que abrange ondas eletromagnéticas de todos os comprimentos: ondas de rádio, ondas milimétricas, luz infravermelha, luz visível, raios ultravioleta, raios-x e os extremamente curtos raios gama.

Até 1945, a astronomia explorava uma janela extremamente estreita do espectro eletromagnético, mas com o desenvolvimento dos telescópios espaciais especializados e a sofisticada tecnologia computacional, os cientistas puderam reunir mais informações sobre nosso universo. Acredita-se que, no momento do Big Bang, o universo tinha tamanho zero e temperatura infinita. Quando o universo se expandiu, a temperatura decresceu rapidamente até cerca de dez mil milhões de graus ao final do primeiro segundo. O universo se expandiu mais e, cerca de 100 segundos após o Big Bang, a temperatura decaiu em mais de mil milhões de graus.

Durante o milhão de anos seguinte, ou algo assim, o universo continuou a expandir-se sem nenhum desenvolvimento significativo. Enquanto o universo continuava a se expandir, certas regiões, onde a matéria era mais densa, começaram a surgir como resultado de uma parada na atração gravitacional. (Em qualquer parte onde ocorra um colapso gravitacional, vê-se um objeto intensamente denso conhecido como "buraco negro".) Por fim, o universo começou a afastar as galáxias umas das outras.

Se a densidade da massa estiver abaixo de certo degrau crítico, então o universo continuará a se expandir para sempre. Mas, ao contrário, se estiver acima do valor crítico, a expansão do universo irá se deter num tempo distante, porém finito, e, então, o universo começará a se contrair e finalmente terminará num ponto conhecido como *The Big Crunch* (o grande esmigalhamento) e começaremos mais um novo ciclo. De acordo com alguns, a teoria do Big Bang se aplica a apenas uma *parte* do universo. Há muito mais que nem sequer pode ser visto, mesmo com os grandes avanços dos equipamentos telescópicos.

❖❖❖

O que significa a existência do mundo, ou mesmo do universo? Depende do que pode ser compreendido por *sua* mente e a de outros seres humanos (isto é, a teoria do Big Bang é um modelo aceito da origem do universo porque é partilhado pela compreensão coletiva). Tudo depende do que "percebemos" do mundo e do universo com nossos cinco sentidos.

Swami Vivekananda salienta corretamente que se tivéssemos outro sentido, iríamos perceber alguma outra coisa. Imagine por um momento que o olho humano seja equipado com uma lente quadrada e não oval, o mundo inteiro iria parecer completamente diferente. Um coelho percebe uma escultura de mármore de acordo com a estrutura de seus olhos – e, com certeza, é algo bem diferente da percepção humana. Um camaleão gira os olhos cada um num movimento isolado e não num movimento conjunto. Não podemos imaginar o tipo de mundo em que vive um camaleão.

Como mencionado, a teoria do Big Bang é baseada nas descobertas de Edwin Hubble, que era capaz de ver as estrelas a distâncias muito maiores por causa de seu telescópio aperfeiçoado. Podemos apenas imaginar o que mais há para ser visto. Por causa do limitado senso de percepção e do tipo de órgãos dos sentidos que temos, podemos não ver as coisas como elas são realmente no universo. Também podemos não ver coisas que não estão mais na existência. Essas são limitações de uma natureza fundamental, assim como o é esta pergunta: o que havia antes do Big Bang? Sim, a luta para descobrir a origem do universo está em andamento, mas o seu mistério e sua magia ainda devem ser resolvidos.

Swami Vivekananda chamou nossa atenção para uma teoria da origem algo similar à do Big Bang, exposta pelos antigos sábios da Índia há milhares de anos. O conceito é que o universo é *anadi ananta* – sem começo ou fim. Os antigos sábios disseram que o universo inteiro é um processo de expiração e inspiração, que corresponde a alternar períodos de manifestação ou dissolução do próprio universo.

❖❖❖

Se fôssemos reunir a sabedoria dos sábios, dos videntes e dos filósofos dos últimos dois mil anos com todo o conhecimento de nossos pensadores, filósofos e cientistas modernos, e assim pudéssemos submetê-los a uma análise crítica, iríamos revelar uma verdade universal. Iríamos perceber que as conclusões levam a pontos de cruzamento, os quais, apesar de sua aparente divisão, fazem perceber *uma* unidade central entre os seres humanos. Isto é, não estamos separados uns dos outros e de tudo o mais no universo; somos manifestações do "Um".

Os *Upanishads* dizem que a origem de tudo está além do passado, do presente e do futuro, ela existe na forma mais sutil em nossas mentes. Ela é o "Um", a partir do qual todo o universo evolui. O "Um" está em toda a parte, a testemunha universal.

No *Shvetashvatara Upanishad*, está escrito: "Vós sois o primeiro, o sol, o vento, a lua e as estrelas brilhantes. Vós sois mulher, sois homem, sois a donzela, sois o velho capengando com sua bengala. Vós sois a borboleta de azul profundo. Vós sois o papagaio verde com olhos vermelhos. Vós sois o relâmpago. Vós sois as estações e os mares. Vós sois a fonte de todas as fontes."

Uma vez que entendemos isso, então o ego sutil e profundamente arraigado da espécie humana que vê a si mesmo como superior, pertencendo a uma raça superior, pode ser enfim superado.

Infelizmente, em ampla escala, nossa sociedade reflete nossa desonestidade individual, manipulação, medo, voracidade, raiva, ódio, frustração e violência, atividades que resultam da insegurança e do descontentamento com a vida – além de nossa crença de que estamos "separados" de tudo e de todos.

Por um lado, se você tem o amor de Deus e por Deus, você não odeia ninguém e ama toda a criação. Você não está separado de ninguém, sua mente está quieta e sua alma, em paz. Seu problema de "ego" é sutil e é possível lidar com ele. Uma vez que percebemos que o propósito da vida é tratá-la com reverência, doar-nos aos outros e amar a todos, nossa consciência coletiva irá ascender e entrar em contato com Deus ou com a consciência suprema. Saberemos assim o *significado* da vida..., mesmo que não compreendamos plenamente a *origem* do universo.

❖❖❖

O *Bhagavad Gita* conta a história de Arjuna, a quem foi dado o olho divino, de modo que todo o universo pudesse ser visto em Krishna. (Krishna representa a essência de tudo, ou Deus.)

Arjuna teve assim uma visão de Krishna – o cósmico, o todo-permeante e divino universal – não só como o criador onisciente ou mantenedor onipotente, mas também como o todo-poderoso devorador de todos os nomes e formas, animadas e inanimadas. O que Arjuna viu, na verdade, era uma amostra do que está acontecendo em todo momento. Pode acontecer quando o observador está além do espaço e do tempo, além do manifesto e do não manifestado.

Swami Chinmayananda, um sábio e grande mestre da Índia, disse no *Bhagavad Gita,* que devemos *perceber* a verdade e não temer o *terrível* da verdade. Em outras palavras, precisamos reconhecer que o mundo é uma combinação do belo e do feio, do bom e do ruim, do macio e do duro, do doce e do amargo, do animado e do inanimado.

Deus, o Senhor, o "Um", Ele próprio se tornou todos esses, e, portanto, nenhuma adoração do "Um" será completa se reconhecermos apenas o belo e o bom. Precisamos reconhecer o Senhor também no feio e no ruim.

O fogo salta para o céu, na direção de sua fonte. Os rios fluem para a sua fonte, o oceano. E os humanos, bons, maus e indiferentes – incluindo heróis, santos e pecadores – ao fim alcançam sua origem. Todos procuram por Deus, conscientes disso ou não.

❖❖❖

Capítulo Seis

ORIGEM DA VIDA

*Você deve encontrar tempo tranquilo
para ponderar o eterno mistério
dos pássaros no céu, abelhas ao
sol e flores numa colina verde.*
– Abraham Lincoln

A HISTÓRIA DA ORIGEM DA VIDA, como a descreveu Charles Darwin em sua teoria da evolução, é principalmente especulativa. Para começar, não é certo se a vida se originou neste planeta ou foi transplantada para cá de outra parte.

Não obstante, de acordo com a teoria de Darwin, supõe-se que a Terra tenha 4.500 milhões de anos de idade. Ela tem uma atmosfera "redutora" e o oceano é como um saudável caldo, com muitos minerais e sais ali dissolvidos. As reações químicas, radiação ultravioleta e energia térmica levaram à formação de um número de moléculas complexas, incluindo o DNA autoduplicante. Quando essas moléculas, acompanhadas de outros componentes, foram envolvidas por uma membrana, resultou daí uma estrutura semelhante a uma célula – e assim o organismo anaeróbico unicelular veio à existência. Gradualmente, com a liberação de oxigênio da fotossíntese e a disponibilidade de oxigênio na atmosfera, os organismos unicelulares passaram a existir no solo.

A origem da vida foi seguida por lenta evolução. Formas diferentes e complexas de organismos vivos se desenvolveram a partir de formas simples de vida subaquática e terrestre – do organismo unicelular para o organismo pluricelular.

É difícil imaginar que uma espécie maior possa ter evoluído de outras espécies. Autoridades no assunto já afirmaram que não há evidências suficientes para confirmar que as espécies maiores tenham provindo de qualquer outra: cada uma delas apareceu como criação distinta e única. A pele e outras faculdades mudam ao longo de determinado período – os camelos, por exemplo, desenvolveram um pescoço mais longo e seu limiar mudou, de modo a poderem pastar entre folhas espinhentas. Mas um golfinho sempre permaneceu golfinho e um ser humano sempre foi humano.

❖❖❖

Albert Einstein revelou que todo e qualquer átomo no universo contém determinada energia, e a física contemporânea continua a demonstrar que tudo no universo vem à existência através de flutuações do subjacente campo de energia, que é o fundamento da natureza. Isso implica que há *uma única fonte de energia* que subjaz a tudo, e é dessa fonte que surgiram todos os fenômenos do universo. Como seres humanos, somos apenas uma concentração localizada de energia do campo universal. A energia que flui através de nossos corpos é a mesma que governa o universo. Não estamos separados. Tudo é parte da natureza, o *continuum* do universo.

Os átomos costumavam ser considerados como blocos básicos para a construção de tudo o que existe no universo, inclusive nossos corpos. Mas a física quântica mostrou que não é bem assim – os átomos *não* são objetos sólidos, irredutíveis. São feitos de partículas subatômicas: prótons, nêutrons, elétrons, mésons e quarks. Essas diminutas partículas giram umas ao redor das outras numa velocidade vertiginosa dentro de cada átomo, e as distâncias entre as partículas subatômicas são proporcionalmente tão grandes quanto a distância existente entre vários astros e galáxias. Isso significa que o corpo humano e todos os outros objetos no universo são tão vazios quanto o espaço intergaláctico. As vibrações de energia que modelam nossos corpos – e tudo o mais no universo – são parte do campo universal de energia, chamado *campo unificado*. O universo é *vasudeva kutambam*, que significa uma família.

No entanto, os cientistas não foram capazes de convencer a si mesmos de que o campo unificado é a força última da qual o universo e toda a vida derivam. Eles sentem que pode haver um poder divino por trás do campo unificado. Einstein até comentou: "Se apenas eu conhecesse a mente de Deus, o resto seriam apenas detalhes."

❖❖❖

Se nossos pensamentos são positivos ou negativos, eles formam diferentes padrões em nossos cérebros e podem ser gravados com a ajuda da topografia de emissão positrônica. Os pensamentos então são convertidos em uma matéria chamada neuropeptídeos. Sessenta neuropeptídeos foram isolados do sangue humano. Os pensamentos de amor e compaixão são transformados em moléculas felizes, que lhe dão uma sensação de bem-estar e aumentam sua imunidade contra doenças, trazendo-lhe paz e felicidade. Por outro lado, pensamentos negativos – como raiva, voracidade, ciúme e assim por diante – formam padrões diferentes no cérebro e são transformados em moléculas inquietas que circulam pelo seu corpo e trazem misérias e doença.

Candace Pert isolou um dos neuropeptídeos "felizes" enquanto trabalhava nos Institutos Nacionais de Saúde (*National Institutes of Health* – NIH): ela o chamou de Peptídeo T, afirmando que ele eleva tanto a imunidade dos seres humanos que pode, inclusive, ajudar a combater a AIDS.

A ideia de que a energia pode ser transformada em matéria (e que a equação pode ser revertida) ganhou força com a explosão da bomba atômica. A energia foi usada para criar matéria (a bomba), e, em seguida, foi transformada em enormes quantidades de energia (a explosão da bomba). Albert Einstein postulou que todas as forças fundamentais da natureza vieram de um campo de energia não dimensionada que é transformada em matéria: estrelas, florestas, montanhas, rios, seres humanos, o universo inteiro. Ele disse que o universo tem uma única fonte e chamou a essa fonte de campo unificado. Einstein passou os últimos 30 anos de sua vida tentando computar a fórmula matemática do campo unificado.

A exploração do mundo subatômico revelou a natureza intrínseca da matéria. As partículas subatômicas não existem como entidades isoladas, mas como partes integradas de uma rede de interações inseparáveis, envolvendo um fluxo incessante de energia. Essas partículas giram a velocidades espantosas, próximas à da luz, enquanto são criadas e destruídas. Os prótons, nêutrons e fótons são partículas estáveis, a não ser quando envolvidas em colisões. Quando a transformação de nêutrons para prótons acontece, um novo tipo de partícula "sem massa" vem à existência. Como já mencionei, o espaço entre essas partículas com frequência é proporcionalmente tão grande quanto as expansões do espaço intergaláctico, o que dá uma ideia do diminuto tamanho dessas partículas. Também foi anunciado que essas partículas, na verdade, não se parecem com partículas a não ser que estejam sendo observadas de perto. De outra forma, elas se parecem com ondas ou névoas. Muitas outras partículas subatômicas, como mésons, láptons e quarks também se envolvem com várias sequências de colisões. Fotografias experimentais dessa atividade se parecem com o padrão das figuras que ilustram a dança cósmica chamada *natraja*, do deus mitológico indiano Shiva.

Shiva tem quatro braços equilibrados; as expressões dinâmicas demonstram o ritmo e a unidade da vida. A mão direita superior segura um tambor (*danru*, em sânscrito), simbolizando o som primal da criação: a cada batida do tambor, milhões de galáxias são criadas. A mão esquerda superior segura uma chama, o elemento da destruição. O equilíbrio entre criação e destruição é mantido. Isso é acentuado pela face calma, que significa a transcendência da polaridade de criação e destruição. A segunda mão direita está erguida de modo que simboliza a manutenção, a proteção e a paz, enquanto a segunda mão esquerda está apontando para o pé levantado, simbolizando a libertação da ignorância.

Para os físicos modernos, a dança cósmica de Shiva é a dança da matéria subatômica. Parece que o universo inteiro está fazendo a dança da vida. Só que algumas "ondas" são mais vivas do que outras. Uma pedra, por exemplo, está dançando a dança da vida no nível subatômico, mas não é consciente da consciência. Não sabe que é uma pedra, mas pode, um dia, se tornar um vulcão ou um diamante.

Quando as ondas de "energia" são intensificadas, é o início da vida inteligente. Os seres humanos estão no topo da escada evolutiva, nesse aspecto. Nós "percebemos" a percepção que temos e é por isso que a inquieta alma humana tem estado numa busca perene pela verdade última (a de que tudo é "Um").

O problema é que percebemos uma limitação. Essa limitação vem do fato de *não* percebermos o que há além do espaço e do tempo. Mas podemos estar em contato com a "consciência superior", que está além do espaço e do tempo. É o verdadeiro "eu".

O autor Deepak Chopra descreve: "Enquanto avanço por entre as passagens escuras de minha mente, chego ao núcleo de meu ser. Aqui estou em contato com a luz e o amor, e o conhecimento de que são propriedades inerentes de meu estado natural. No núcleo do 'ser' e no núcleo de todos os seres há um princípio, uma inteligência que orquestra e organiza mente e corpo de tudo o que vive. Esse princípio, essa inteligência pura, essa percepção pura, essa luz de amor, é a consciência da unidade. Essa inteligência, profundo cerne de meu ser, de outros seres e do universo, muitas vezes tem sido chamada Deus."

❖❖❖

Capítulo Sete

ORIGEM DO AMOR

Oh, Divino Mestre, conceda que eu possa mais consolar do que ser consolado. Compreender que ser compreendido. Amar que ser amado.

– São Francisco de Assis (1182-1226)

Os animais são a fonte última do amor e da compaixão. No livro *When elephants weep* (*Quando os elefantes choram*), os autores Moussaieff Masson Jeffrey e Susan McCarthy descrevem os elefantes chorando, as lágrimas escorrendo por suas faces enrugadas. É uma indicação clara do sofrimento que experimentam ao serem capturados e separados de seus bandos.

Em outro exemplo, em Bangalore, Índia, o Dr. Saghidahar Iyenger e sua família cuidaram de um leão ferido até que sarasse completamente; o leão se afeiçoou tanto a eles que, quando voltou ao zoológico, recusou-se a comer até ser encorajado pela família.

Os golfinhos também demonstram compaixão e amor incondicional. Salvaram seres humanos de naufrágios e são reconhecidos pela gentileza e consideração. Do mesmo modo, gorilas têm sido vistos passando os braços ao redor dos ombros uns dos outros, emitindo sons como se estivessem cantando. Eles param de comer se um parceiro é levado embora ou morre.

A afeição animal aumenta quando os animais são domesticados. O amor flui dos mascotes, assim como sua total lealdade. Esse amor é incondicional – animais de estimação não questionam nem discutem.

Animais também não têm nenhum problema com o "ego". Se um cavalo ou um cão vence uma corrida, poderá gostar disso (porque recebe um elogio de seu proprietário), mas não sai fazendo alarde. Uma vaca não se importa se a cor de sua pele é preta ou branca, ou se seus chifres são lindos ou não, mas o seu proprietário, sim, se importa. Ego é assunto exclusivo dos seres humanos.

❖❖❖

Os seres humanos, sendo a forma mais evoluída de vida na Terra, domesticaram os recursos da natureza para se adequarem a eles e a seu modo de vida, mas o conceito de Darwin, da "sobrevivência dos mais fortes", foi levado longe demais. Não apenas utilizamos os recursos da natureza para nos manter, mas as nossas exigências têm servido para dilapidá-los, mesmo estando plenamente conscientes de que dependemos da generosidade da Mãe Natureza.

A palavra autoconsciência tem sido equivocadamente empregada para significar autoconfiança e orgulho, e tem servido de fonte para assegurar e estabelecer a identidade de um indivíduo e sua superioridade sobre os outros. Essa noção mal-empregada – originada do conceito de "sobrevivência dos mais fortes" – tem sido responsável por todas as guerras ao longo da história, principalmente a Segunda Guerra Mundial, quando Adolf Hitler quis estabelecer a superioridade de uma nação e de uma raça sobre as demais. E mesmo hoje, muitas guerras acontecem em todos os cantos do globo por causa desse conceito.

Parece haver um impulso humano a subjugar os outros e um indivíduo pode ficar obcecado com o domínio sobre os demais. Mas temos outra opção: viver em amor e harmonia com os outros, e, como resultado, tornar a vida digna de ser vivida.

Explicar a base molecular da vida não se compara com o amor e a compaixão que uma pessoa espiritualmente evoluída tem pelos seus semelhantes. Essa reverência pela vida parece provir do Eu Superior, ou da consciência pura, que é a centelha da vida, e nenhuma quantidade de compreensão química ou molecular poderá jamais explicar sua origem.

Já próximo do final de sua vida, o próprio Darwin compreendeu que havia na vida algo mais do que as reações químicas e a química molecular, e desconfiou que sua explicação sobre a origem e o significado da vida poderia ser inadequada. Seu interesse pela beleza da vida e da música floresceu, e ele começou a se referir a uma crença no invisível e divino poder chamado Deus. Em sua autobiografia, Charles Darwin escreveu: "Eu era um jovem com ideias imaturas. Lançava indagações e sugestões, interrogando-me o tempo todo sobre todas as coisas. E para meu assombro, essas ideias se propagaram como um incêndio descontrolado. As pessoas fizeram delas uma religião."

❖❖❖

Todos podem concordar que os seres humanos estão no degrau mais elevado da escala da evolução; no entanto, se você olhar em volta, torna-se evidentemente claro que nem todos os seres humanos evoluíram exatamente da mesma forma. As pessoas exibem grandes disparidades em inteligência, amor, moralidade e em outros aspectos humanos essenciais.

Alguns de nós, por exemplo, não conseguem analisar uma situação sem se envolver e são incapazes de discriminar entre o certo e o errado. Outros ainda parecem se assemelhar às plantas: como as plantas, podem voltar a face para o sol, mas não conseguem pensar adequadamente e são dominados pela preguiça (*tamas*). Outros humanos são como animais – não desenvolveram a capacidade de fazer distinções nem mesmo o sentimento de amor pelos semelhantes.

Entre aqueles que evoluíram mais, há dois tipos: os gaviões e as pombas. Os gaviões lutam por posse, prazer e poder. Acreditam que não importa se outros sofrem em consequência de sua perseguição pelo sucesso. As pombas, por outro lado, acreditam no princípio do "viva e deixe viver".

Finalmente, há seres humanos em que a divindade se manifestou. Podemos encará-los como seres humanos plenamente desenvolvidos. Podem ser chamados de "humanos divinos" ou "humanos-Deus". O sábio indiano *swami* Chinmayananda disse: "Eles iluminam a escuridão de todos aqueles que passam perto deles. Eles os iluminam com seu conhecimento da vida e do viver." Ele disse que é possível a qualquer ser humano alcançar esse estado, desde que leve uma vida em *satwa* (vida de pureza), tenha amor e abrace o ideal do serviço amoroso. Apenas assim poderemos desenvolver a nossa glória interior, crescer para a iluminação e dizer que realmente Deus fez os seres humanos à Sua imagem. Exemplos de seres humanos iluminados são a Madre Teresa de Calcutá e Gandhi.

❖❖❖

Podemos ver que o amor é a maior força de atração, sendo a força criativa por trás das belas artes, da música, da filosofia e da poesia, todas atributos de Deus. Na realidade, nosso Eu Superior é Deus, que é Amor. Toda a criação de Deus flutua no oceano do amor – não de maneira isolada, separada, mas todos interconectados. Todas as formas de vida emergem da realidade única: Deus. Como tudo começou, não sabemos realmente. Vamos deixar que isso continue sendo uma maravilha, a maravilha de todas as maravilhas.

❖❖❖

Capítulo Oito

A JORNADA DA VIDA NO CAMINHO DO AMOR E DA INTEGRIDADE

Não existe boca-livre. Não se julgue com direito a qualquer coisa que não lhe tenha custado suor e esforço.
– Marian Wright Edelman

Na sociedade moderna, há pessoas que só vivem para o aqui e o agora, agarrando-se a qualquer oportunidade que lhes permita desfrutar. São pessoas que geralmente têm muitas posses materiais e vivem em busca do prazer.

Para quem deseja ter tudo, qualquer coisa que seja bonita, satisfatória ou desfrutável é vista como algo "bom". Essas pessoas não costumam diferenciar o que é *prazeroso* do que é *bom*. Em outras palavras, elas querem apenas desfrutar de *bons momentos*, sem se preocupar se estão levando uma *boa vida* (o que, por sua vez, leva à felicidade duradoura). As pessoas que vivem no caminho do prazer, porém, mais cedo ou mais tarde se cansam de seu estilo de vida e acabam por se sentirem vazias por dentro, "desejando" algo mais. Sua alma parece não ter paz.

O desejo por objetos mundanos é a causa-raiz da infelicidade; a busca pelo prazer pode causar devastação. Como escreve o autor Jiddu Krishnamurti: "O prazer é o princípio orientador de nossa vida. O prazer é a coisa que mais desejamos neste mundo material... Desejamos prazer sob qualquer forma e quando os momentos de excitamento terminam, o evento é gravado na memória. O pensamento deseja repeti-lo. Mas o problema é que o prazer nutre o conflito que confunde..."

O conflito cessa somente quando as pessoas percebem que o observador e o objeto observado são um só. É quando a mente silencia, pois a mente silenciosa supera a confusão.

Krishna disse, no *Bhagavad Gita*: "Alguém que seja como um pequeno lago, que cresce quando há chuva e encolhe quando não chove, está livre de apego, temor e raiva. A mente é como um oceano, onde os rios fluem e refluem, mas o indivíduo permanece imperturbável. Alguém que age dessa maneira é chamado de sábio de mente firme."

Desde o começo dos tempos, a felicidade tem sido a principal meta humana. Os meios para atingir essa meta têm variado de tempos em tempos, de acordo com as visões de ideólogos, místicos, mestres religiosos e filósofos, mas o resultado final tem sido elusivo. A busca continua...

Várias décadas atrás, o modo de vida não convencional e pouco ortodoxo de uma classe de pessoas da Boêmia, na Europa Central, tornou-se popular em todo o mundo. Essas pessoas acreditavam que viver independentemente das leis convencionais da sociedade traria felicidade; consequentemente, um grande número de pessoas em todo o mundo passou a buscar a felicidade ao modo "boêmio". Seguiam seus próprios caprichos e se interessavam por experiências psicodélicas. Era um bando desorganizado, que não tinha trabalho apropriado e uma grande porcentagem deles desenvolveu dependência por drogas. Buscar a felicidade dessa maneira se revelou fútil, e gradualmente o movimento morreu de morte natural – deveria haver outros caminhos para encontrar a felicidade.

❖❖❖

Um de meus pacientes, de nome Jagan Nath, tinha mais de 60 anos de idade quando veio pela primeira vez ao meu consultório, há cerca de 25 anos, queixando-se de problemas asmáticos. Havia deixado de fumar dez anos antes, mas os efeitos residuais continuavam a perturbá-lo. Ele trabalhava no ramo imobiliário e era conhecido como um construtor bem-sucedido. Os elevados edifícios que construía tinham grande procura. Homem trabalhador, consciente, ele ganhou bastante dinheiro da maneira *certa*. Nath morreu com 85 anos, deixando uma grande fortuna para seu único filho, Jiwan.

Cerca de seis anos após a morte de seu pai, a mulher de Jiwan, Usha, marcou uma consulta para que o marido viesse me ver. Fiquei surpreso quando o vi, pois ele havia envelhecido muito desde a última vez que o vira. Estava obeso, com a barriga proeminente e a pressão sanguínea muito alta. Não foi nenhuma surpresa que o resultado do eletrocardiograma (ECG) revelasse sinais de uma doença coronária.

Usha me contou que Jiwan havia herdado muitas propriedades e dinheiro, e pouco tempo após a morte do pai fechou o escritório imobiliário, que já não funcionava tão bem quanto antes. "Por que devíamos nos preocupar?", insistia Jiwan. "Há milhões no banco, e, se precisarmos mais, podemos vender uma propriedade."

Ele viajou para a Suíça, percorreu a Europa, foi para a América, hospedando-se em hotéis cinco estrelas. Jiwan começou a beber muito – iniciando o dia com uísque escocês ou *bourbon* – e frequentando covis de jogatina. Começou a oferecer generosos coquetéis e jantares a seus amigos. Jiwan achava que tudo isso o tornaria feliz, mas seu desejo insaciável pelo prazer não lhe trazia nenhuma felicidade. Nunca fazia exercícios e, como consequência disso, desenvolveu diabetes, pressão alta e insônia.

Usha prosseguiu, contando que a única filha adulta fora influenciada por seus hábitos e o acompanhava nas sessões de bebedeira. Compreensivelmente, Usha estava preocupada. "Eu só desejo que não tivéssemos toda essa riqueza", disse ela. "Nós somos muito desafortunados por termos herdado essa fortuna."

Essa é apenas uma história sobre a maldição da riqueza: ela não pode garantir e não garante a felicidade.

❖❖❖

De acordo com várias pessoas, a felicidade vem do poder da livre escolha. O verdadeiro contentamento e felicidade só serão alcançados quando você tiver *completa* liberdade. Isso inclui a liberação de dependências e do apego a posses materiais.

Todas as religiões guiam para a paz e a felicidade. Cristo, por exemplo, faz uma declaração de bem-aventurança, prometendo felicidade e paz para os pobres de espírito, para os pesarosos, para quem busca a integridade, os misericordiosos, os pacificadores, os puros de coração e os sofredores, quando eles se rendem ao Senhor. Em outras palavras, a ideia cristã de bem-aventurança (contentamento e felicidade) é um caminho para Deus. O que se segue é o júbilo, que é mais profundo do que a felicidade, porque está livre dos acidentes do tempo e das circunstâncias que justamente ameaçam a felicidade.

Os sábios indianos chamam *ananda* à mais elevada forma de alegria. *Ananda* deve ser diferenciada de *sukh*, ou felicidade. Está além da felicidade, e aqueles que meditam em Deus em última instância experimentam *ananda* ou o júbilo, que é sem limites, imutável e permanente, enquanto a felicidade é limitada, mutável e não permanente. A felicidade é um estado que oscila entre as dualidades do prazer e da dor, enquanto *ananda* transcende a natureza da dualidade.

❖❖❖

O filósofo Søren Kierkegaard (1813-1855) acreditava que há três estágios na vida. Ao primeiro estágio ele chamou de *estágio estético* (a história de Jiwan se relaciona a esse estágio). No devido tempo, as pessoas nesse estágio se tornam escravas de seus desejos – muitas vezes são vãs e egoístas, gabando-se de desejos egoístas. Essas pessoas sofrem de sentimentos de vacuidade e medo, o que agrava as emoções "negativas", inclusive a culpa. Isso pode levar à mudança: o indivíduo pode decidir passar do estágio estético para o *estágio ético*, ou diretamente para o *estágio religioso*. Muitos escolhem o estágio ético e seguem o caminho do bem em lugar do caminho do prazer.

Qualquer pessoa pode mudar do estágio estético para o estágio ético se aprender a ter autocontrole e disciplina. Será demasiado difícil? Não, não se reconhecermos que cada alma individual é acompanhada de um ego e deve enfrentar o mundo material sob uma forma física. Todo ser humano tem o divino *e* o diabo dentro de si e a batalha entre ambos acontece o tempo todo. O melhor modo de fazer a paz é tentar mover-se para a união com o Eu Superior. A energia para isso vem do exercício da autodisciplina, o que significa que devemos controlar nossos apetites físicos e as paixões.

A maioria das pessoas considera o termo *autodisciplina* como algo penoso. Pensam que tem a ver com o mundo de um monge ou de um soldado – e, no entanto, todos os membros de um time de futebol são disciplinados. Eles se exercitam regularmente e têm hábitos alimentares disciplinados –, e todos apreciam isso. *Nós* temos de ser autodisciplinados e moderados em nossos próprios hábitos alimentares, do sono ao trabalho, se desejamos ter corpos, mentes e intelectos saudáveis, vidas felizes e paz. Devemos resistir dos ganhos rápidos; devemos ser ensinados a não falar alto e agir pequeno; precisamos colocar um objetivo na vida e então nos ocuparmos com os detalhes áridos sempre essenciais para alcançá-lo.

Cada situação estressante deve ser tratada como uma oportunidade. Enquanto você sobe a escada do sucesso, não pense em *mais estresse*, pense em *mais oportunidades*. Você pode não ser capaz de mudar a direção dos ventos, mas certamente pode ajustar as velas. A autodisciplina lhe dá alegria e senso de realização, permitindo que você abandone automaticamente os hábitos autodestrutivos.

Como prova disso, você se sairá bem na vida e alcançará a paz se der crédito a outros por seu sucesso. Não trabalhe apenas pelo dinheiro ou poder. Isso não salvará a sua alma, apenas inflará seu ego, o que traz miséria a longo prazo. Não receie falhar: na verdade, não importa quantas vezes você cai, importante são as vezes que você se levanta.

Se você correr pela faixa de alta velocidade o tempo todo, estará sujeito a tropeçar; portanto, siga mais devagar na vida. Deixe o rio da vida fluir. Em uma das margens está o prazer; do outro lado, a dor. Você está destinado a chocar-se com uma margem e outra, e está certo. Não fique preso à margem do prazer – ela nunca é permanente. Você está destinado a perdê-la, e, como consequência disso, experimentar a dor.

❖❖❖

Antes de Jesus dar início à sua missão de ensinar, pregar e curar, o Espírito Santo o levou ao deserto, onde, diz a *Bíblia*, Jesus passou 40 dias e 40 noites jejuando. O diabo (o mal, a tentação) veio e lhe disse: "Por que está passando fome? Você sabe que pode fazer milagres. Olhe para aquelas pedras lisas, arredondadas, espalhadas por todo o deserto – você é o filho de Deus e pode converter aquelas pedras em pão. Vá em frente, faça isso, satisfaça sua fome." Jesus sabia que podia fazê-lo, mas respondeu ao diabo: "Sim, mas uma pessoa não vive só de pão, mas de toda a palavra que sai da boca de Deus."

Depois que seu período de jejum terminou, Jesus recebeu cinco pães e dois peixes de um rapaz. Ele abençoou o alimento e pediu aos discípulos para distribuí-lo entre as pessoas que haviam se reunido ali. Havia cinco mil pessoas. Jesus mostrou amor e compaixão pelos pobres e necessitados; realizou milagres para eles, jamais para satisfazer suas necessidades pessoais ou ao seu ego.

As tentações que atiçaram Jesus no deserto nos atiçam todos os dias. Todos nós queremos conquistar o mundo material e governá-lo também. Rezemos todos a Deus para que com Sua graça possamos encarar as tentações e superá-las, de modo que sejamos capazes de sacrificar nosso conforto para servir aos necessitados com amor.

No *Bhagavad Gita* está escrito que um ser humano disciplinado é aquele que demonstra moderação. Ele não dorme demais, nem fica acordado a noite inteira. Nunca exagera na comida e também não passa fome com frequência. Mostra reverência pelo Espírito Santo, por seus pais, professores e pelos sábios. Retidão, inocência, limpeza física e pureza sexual são suas virtudes. Ele fala sem jamais causar dor aos outros, e é verdadeiro, sempre dizendo o que é gentil e benéfico.

❖❖❖

De acordo com antigas tradições indianas, há quatro *pursharthas* (metas) na vida: *dharma, kama, artha* e *moksha. Dharma* não é sinônimo de religião, mas é a essência de todas as religiões – é o caminho da retidão. Algumas pessoas seguem-no escrupulosamente, consciente ou inconscientemente, durante toda a vida.

A palavra *dharma* é derivada da palavra sânscrita *dhri*, que significa "apoiar ou sustentar a existência de algo". Pode-se dizer que é a lei do ser, a propriedade ou a característica essencial de alguma coisa.

O *dharma* tem dois níveis: um nível individual e um nível cósmico, universal. No nível individual, uma pessoa é artista, músico, médico ou fazendeiro. Os deveres que a pessoa deve cumprir são seu *swadharma* (*swa*, literalmente, significa "individual").

No nível universal, entretanto, o *dharma* é comum a *todos* os seres humanos. É o que distingue os humanos de todos os outros seres, e é chamado *manava dharma* (*manava* significa "humano"). Nós reconhecemos a divindade que já está bem no fundo de nosso ser. Tudo na criação é essencialmente divino, mas somente aos seres humanos é dado manifestar plenamente a divindade dentro de nós e, assim, tornarmo-nos divinos. Quando assim fizermos, desfrutamos de liberdade sem limites e bem-aventurança.

O *dharma*, ou caminho da retidão, forma a base de nosso progresso individual e bem-estar social. É a primeira de todas as quatro metas da vida, e temos de estar nesse caminho durante todo o tempo enquanto alcançamos as outras metas: *artha* (aquisição de riqueza), *kama* (satisfação dos desejos) e *moksha* (realização espiritual). Todas essas metas formam um esquema integrado, que envolve tanto o sucesso mundano quanto o bem-estar espiritual.

Artha, aquisição de riqueza, é uma meta importante para uma vida bem-sucedida, desde que sua aquisição e utilização estejam de acordo com os princípios do *dharma*. A riqueza – material ou espiritual – deve ser compartilhada: é necessária para os cuidados com o corpo, para com a família e a comunidade; para ajudar instituições educacionais, hospitais e outras atividades públicas; e para promover a arte e a música. Deve circular, pois, se ficar acumulada, estagnada, promoverá a cobiça.

A terceira meta é *kama*, ou desejo. Ela não se aplica apenas ao desfrute sensual – todos os desejos legítimos são altruístas e beneficiam as pessoas que o rodeiam, dando-lhe satisfação e paz interior.

O desfrute sensual recebe papel importante na vida, desde que esteja de acordo com os ditados do *dharma*. A vida seria insossa e aborrecida sem os sentidos, e o prazer perseguido de acordo com o *dharma* cria um anseio genuíno pela realização e liberdade espiritual.

O materialista convicto acredita em apenas duas metas: *artha* e *kama*. Ele passa a vida inteira perseguindo-as. Na Índia, havia uma escola chamada Chavaka, que advogava o materialismo puro e simples, rejeitando a retidão e a espiritualidade. Mas qualquer pessoa que siga esse caminho frequentemente acaba sentindo-se insatisfeita, incompleta, vazia e oca. Por outro lado, a pessoa que aspira levar uma vida boa e valiosa, sem desejar meramente os momentos agradáveis, irá examinar seu comportamento até que a preguiça e as paixões irregulares sejam dominadas, para que assim *satwa* (pureza e disciplina) se irradie.

O *Bhagavad Gita* ensina que a felicidade verdadeira é a felicidade do espírito. No início da vida autodisciplinada, as coisas podem parecer chatas e destituídas de atrativos, mas, ao final, *moksha* (paz e bem-aventurança) prevalece. *Moksha* é a liberação resultante da realização espiritual. A palavra é derivada da raiz verbal sânscrita *mus*, que literalmente significa "liberar ou pôr em liberdade". Esse estado erradica todas as paixões (*kelasha*) e anseios (*trisnha*), e também pode significar "apagado" ou "extinto".

Alguém que está acima do bem ou do mal é referido como alguém que alcançou *moksha* (ou *bodhi*), *nirvana* (ou *kaivalya*). É a percepção do Eu pelo Eu. É o estado onde a morte e o nascimento, e a recorrência de desejo, dor e prazer não importam, pois você se encontra num estado de suprema paz.

❖❖❖

Capítulo Nove

VIDA HUMANA: UMA PEREGRINAÇÃO DO ÚTERO A *MOKSHA*

Seus filhos vêm através de você, não de você. Você pode lhes dar o seu amor, mas não seus pensamentos.
– Khalil Gibran

Na Índia, nos tempos antigos, o amor nas relações conjugais era considerado sagrado. O calor do amor paterno e materno reconhecidamente produzia efeitos benéficos sobre as crianças. Acreditava-se que o amor verdadeiro entre os pais preparava melhor a alma para a encarnação e enriquecia o desenvolvimento das crianças após a concepção. Os antigos sábios acreditavam que os efeitos do amor sobre as crianças começavam antes mesmo da concepção, da mesma forma que acreditavam que pessoas zangadas e mal-humoradas não deviam visitar os campos antes que eles fossem semeados. Em vez disso, crianças inocentes deveriam ser levadas para brincar ali, porque as plantas são vivas e respondem à voz e às emoções humanas, porque a inocência (amor) é uma energia poderosa e a pureza é um fertilizante valioso para as plantas e para os seres humanos.

Há várias lendas indianas que ilustram que os sentimentos, as emoções e os processos de aprendizado do bebê se iniciam realmente no útero. Gostaria de contar aqui uma dessas histórias, sobre Asthavakra, adaptada do grande épico *Mahabharata*.

O pai de Asthavakra, Kohor, era um grande erudito e vivia no reino de Rajrishi Janak, ele próprio versado nos *Vedas*, *Upanishads* e em outros textos sagrados. Enquanto Asthavakra ainda estava no útero de sua mãe, Kohor sentava-se ao lado dela e recitava os *Vedas*.

Uma noite, a criança no útero da mãe disse-lhe em voz alta:

— Através de sua graça, Pai, eu aprendi todos os *Vedas*, enquanto estava no útero de minha mãe, mas, lamento dizer, você frequentemente comete enganos na recitação e na interpretação.

Kohor ficou chocado. Ele não compreendeu o que seu filho estava dizendo e, num acesso de raiva, amaldiçoou-o, gritando:

— Você será deformado em oito lugares quando nascer!

Quando a criança nasceu, ela realmente veio ao mundo deformada e retorcida em oito partes do corpo; por isso, recebeu o nome de Asthavakra, que significa "ser dobrado em oito lugares, como um camelo". Depois do nascimento, Asthavakra continuou estudando e quando tinha 12 anos de idade já era um grande erudito.

Um dia Kohor foi convidado para a corte do rei Janaka, para um debate. Os participantes deveriam interpretar e discutir passagens dos *Vedas*.

Asthavakra ouviu que seu pai estava se saindo mal na última rodada, perdendo para um erudito chamado Vandin. Ele então se dirigiu para a corte do rei Janaka, mas não lhe permitiram que entrasse no salão do grande debate. Por fim, ele conseguiu entrar, e, enquanto atravessava o salão, os *pundits* (os eruditos), vendo o menino com o corpo todo retorcido e de andar engraçado, começaram a rir. Asthavakra começou a rir ainda mais alto. Ao ouvirem-no rir daquela forma, houve silêncio. Todos começaram a se perguntar o que haveria ali para que o menino risse tanto. O rei Janaka, finalmente, falou ao menino:

— Eu compreendo por que essas pessoas riram, mas não vejo por que *você* riu. Meu filho, quero saber por que você riu.

Asthavakra respondeu:

— Fiquei impressionado ao ver que convidou tantas pessoas sem educação para virem aqui, Sua Majestade. Chama-os de eruditos, mas eles veem apenas o meu corpo e não aquele que habita este corpo. De qualquer modo, eles não podem realmente ser eruditos se riem de alguém com deficiência física.

O rei Janaka desceu de seu trono, desculpou-se com Asthavakra e pediu-lhe que sentasse no salão da corte. O rei então pediu a Asthavakra que esclarecesse algumas de suas próprias questões. Primeiro, quis saber sobre um sonho que tivera na noite anterior. No sonho, ele era um mendigo, chorando e uivando, pois não dava conta de cuidar ou alimentar sua esposa e seus sete filhos. O rei ofereceu um relato detalhado de sua vida como mendigo – parecia como se uma vida inteira tivesse passado quando ele acordou de repente e percebeu que havia dormido apenas por um curto período.

— O que desejo saber — disse o rei — é se sou um rei que sonhou que era um mendigo ou se sou um mendigo sonhando agora que sou rei.

Asthavakra respondeu:

— Temos noção de três estados de consciência: o estado desperto, o estado do sono e o estado do sonho. Nenhum deles é real. Você, o "você *real*", experimenta constante mudança. A infância, a juventude, a meia-idade, a velhice e mesmo a morte são todas mudanças no *continuum* da vida. Mesmo os estados pelos quais você passa todos os dias – o estado desperto, o estado do sono e o estado do sonho – são diferentes do corpo que experimenta esses estados. Uma pessoa que vive numa casa não é a casa.

"Há um 'ser' em você que sabe sobre os estados desperto, do sono e do sonho; e que testemunha tudo o que acontece nesses estados. Quem é o ser que permanece acordado em todos esses estados, isto é, quem relata o sonho a você quando você acorda e permite que saiba que dormiu bem? Quem é esse 'conhecedor' que está plenamente consciente em todos os estados? Esse é o 'princípio eterno'. Estar consciente dessa consciência, ficar consciente dessa testemunha em você (*sakshi*) e identificar-se com ela é a única maneira de saber quem é você."

❖❖❖

As lendas de antigamente, tal como a que foi contada acima, ilustram que os sentimentos, as emoções e os processos de aprendizagem do bebê se iniciam no útero e continuam durante a infância. Como pais, é nosso amor que irá guiar nossos filhos, mas as nossas contradições também o fazem. Por exemplo, falamos mentiras, mas dizemos aos nossos filhos que não mintam. Fumamos, mas dizemos aos nossos filhos para não fumarem. Cometemos abusos no álcool e dizemos aos nossos filhos: "Esta é uma bebida para adultos" – de modo que eles mal podem esperar pela idade adulta. Não deveríamos dar exemplos que nossos filhos pudessem seguir com amor, compaixão e gentileza?

Os pais modernos com frequência têm rotinas rígidas, estressantes, que baixam sua imunidade. Por isso, pelo futuro de seus filhos, você deve aprender a administrar seu estresse. Precisamos lembrar que nossos filhos estão sempre nos observando. Eles descobrirão as nossas falhas enquanto crescem, mas, como disse Oscar Wilde: "Alguns deles nos perdoarão." O ponto é: se mostrarmos aos nossos filhos o melhor daquilo que podemos ser, poderemos tornar este mundo um lugar melhor, onde as futuras gerações possam realmente viver.

Acalentar uma criança no útero constitui um papel vital na determinação do futuro estilo de vida e inteligência da criança. Isso foi demonstrado por pesquisas científicas, que também sugerem que os determinantes genéticos são frequentemente superestimados em relação aos futuros níveis de QI de uma criança. Estudos recentes atacaram a ideia de que os genes determinam a inteligência de uma criança mais do que os fatores ambientais, indicando que a natureza não se sobrepõe à educação em relação às crianças.

Pode parecer estranho, mas os neurocientistas e os pesquisadores estão descobrindo que educar o bebê no útero, e ainda por dois anos após o nascimento, é crucial para a vida futura da criança.

Por outro lado, revelou-se que as brigas entre os pais retardam o crescimento do cérebro do bebê enquanto ele se encontra no útero da mãe.

Mostrou-se que bilhões de neurônios se desenvolvem no cérebro durante a vida inicial do bebê no útero. O primeiro jorro de crescimento de células do cérebro ocorre entre a oitava e a décima terceira semanas de vida. O jorro maior começa dez semanas antes do nascimento. Há mais de cem bilhões de neurônios presentes por ocasião do nascimento, e o crescimento desses neurônios continua durante os dois anos seguintes. Embora o número de neurônios seja importante, são as sinapses – as conexões entre as células – as verdadeiras responsáveis por criar uma forte base para as emoções, os sentimentos, a visão, a audição e a maior parte das capacidades psicomotoras.

O comportamento das pessoas no lar, a atmosfera de amor entre os pais, antes e depois da concepção, a educação da criança no útero e o amor que lhe é dado na primeira infância influenciam seu crescimento físico e mental. O amor nesse estágio da vida pode ser mágico. O condicionamento da consciência do "eu" se inicia e a criança é cada vez mais influenciada por seu ambiente. A mãe diz à criança que ela é muito linda e tem os olhos mais encantadores do mundo – consequentemente, a criança fica convencida de que ela *é* bonita e o ego começa a crescer.

Enquanto a personalidade de uma criança se desenvolve, o sentido do ego – "eu sou" – se desenvolve ainda mais. As crianças começam a responder ao ouvir seu nome, reconhecem seu rosto no espelho e começam a determinar o que a palavra "bonita" significa realmente. Quando aprendem a andar, tornam-se conscientes de seu poder – o ego torna-se cada vez mais importante. A orientação e a educação por meio de professores na primeira infância moldam a criança ainda mais.

Então, a criança é influenciada pelo ambiente de sua escola, pelos colegas, pela tv, pelos computadores... há inúmeros fatores de condicionamento. Quando a criança cresce, é identificada como menino ou menina, depois como homem ou mulher. A criança é identificada como inteligente ou estúpida, bonita ou feia, altamente inteligente ou analfabeta, pertencente a uma família rica ou pobre. A criança que agora é um adulto poderá ser cheia de compaixão e amor; ou ser egoísta, voraz e invejosa. A criança é o resultado final do condicionamento em todos os estágios da vida, iniciado antes da concepção. Mas quem *é* a criança realmente?

Muitos instrutores espirituais sugerem desenvolver o desapego em relação aos objetos mundanos e ensinam que se deva tratar o prazer e a dor do mesmo modo, sem se preocupar com nenhum deles – mas isso é mais fácil na teoria do que na prática. Permanecer fora das influências mundanas, ser desapegado e demonstrar a mínima preocupação quando um ser humano experimenta prazer ou dor, requer capacidade de compreensão e desapego. Invariavelmente ficamos excitados quando algo de bom acontece e deprimidos quando a tristeza nos afeta. Isso requer profundo conhecimento de nosso Eu Superior e da natureza transitória de nossos sentidos. Uma vez que você se dá conta disso, poderia então desenvolver o "apego desapegado", ou *vairagya*, em sânscrito.

❖❖❖

Não há necessidade de retirar-se do mundo material para levar uma vida espiritual – afinal, o mundo material inclui seu corpo, mente e intelecto. Retirar-se do mundo material deve ser algo sutil, deve considerar a renúncia ao seu eu inferior, que inclui o ciúme, o ódio, a incapacidade de perdoar e, acima de tudo, o ego, que é a causa fundamental da infelicidade e da miséria. O *Isha Upanishad* enfatiza que a verdadeira realização resulta da existência material plena *e* da existência espiritual plena. Para ilustrar, eu gostaria de contar a história de Santo Agostinho.

Santo Agostinho foi um grande santo. Passou sua vida inteira em busca da paz interior. Cedo em sua vida ele procurou satisfação nos prazeres mundanos e experimentou diferentes práticas espirituais. Perambulou de uma cidade a outra e de uma floresta a outra. Estudou cada livro de ciência e de religião, mas a carga de seu conhecimento adquirido se tornou pesada, de modo que não tinha paz.

Havia dias em que a mente de Agostinho ficava particularmente turbulenta. Certa vez, estava caminhando pela praia, quando viu um garoto jovem, bastante ansioso, parado na areia, com uma caneca na mão. Santo Agostinho aproximou-se dele e disse:

— Você parece muito deprimido. Posso ajudá-lo?

O garoto replicou:

— Estou tentando descobrir como fazer o oceano caber em minha caneca. O oceano é tão grande que não importa o que eu faça, não consigo contê-lo na minha caneca e levá-lo para casa!

— Então, por que não joga a caneca no oceano? — perguntou Agostinho.

Quando disse isso, teve um lampejo de percepção: estivera tentando conter a infinita bem-aventurança de Deus na pequenina caneca de seu ego. No momento em que notou isso, atirou fora a caneca do ego e a partir daquele preciso momento soube que podia conter o oceano – a infinita bem-aventurança de Deus – em sua alma individual encarnada. Sua alma individual não era mais uma onda; com efeito, era o oceano.

❖❖❖

Cada um de nós é como aquele garoto. Ficamos parados na praia do vasto oceano da consciência estendendo as canecas de nossos egos. Ficamos olhando uns para os outros, sentindo inveja porque a caneca da outra pessoa é maior, mais cheia de posses "materiais". Não dedicamos um pensamento à ideia de que não importa o quanto a caneca de nosso ego possa ser grande, ela simplesmente não contém o vasto oceano da consciência.

Uma vez que você habite o Eu Superior e deixe o ego para trás, você estará na bem-aventurança. Você terá alcançado *moksha*, que é a liberação.

❖❖❖

Parte III

A BATALHA DA VIDA É A BATALHA DOS DESEJOS CONTRÁRIOS

Capítulo Dez

A INVEJA E A NÃO REALIZAÇÃO DOS DESEJOS LEVAM À RAIVA

Nenhum homem pensa claramente
com os punhos cerrados.
– George Jean Nathan

Na história de Naciketas (Parte I), vimos que seu pai, num acesso de raiva, entregou Naciketas ao Senhor da Morte. A maioria de nós pode ter algo a ver com essa história, porque quando estamos com raiva geralmente fazemos coisas que gostaríamos de não ter feito.

Vejamos o exemplo de Sham Nath e Chander. Esses dois homens são prósperos homens de negócios e também são vizinhos. Sham Nath não gostou quando Chander começou a estacionar sua Mercedes nova mais perto de sua casa do que da casa dele. Chander respondeu dizendo que havia mais espaço perto da casa de Sham, que seu carro não incomodava ninguém e, de qualquer modo, o espaço pertencia à corporação para a qual ambos trabalhavam. Sham Nath gostava muito da Mercedes de seu vizinho, mas não apreciava a sua exibição de riqueza – a inveja era a causa real de sua frustração.

A inveja, assim como a não realização do desejo, leva à raiva. É uma emoção humana comum, e, como acontece com outros sentimentos "negativos", sua base está na insegurança. Quando está inseguro, você se sente deixado de fora e imagina que seus colegas e vizinhos estão se saindo melhor do que você. É só pensar no antigo ditado que diz: "A grama sempre é mais verde do outro lado da cerca." Na realidade, pode ser que não seja verdade, mas você pensa que é. Vejamos outro exemplo: você vai a um restaurante com seus amigos ou familiares, encomenda os pratos de que gosta, mas assim que chegam à mesa, você olha os pratos que estão sendo servidos na mesa ao lado e deseja ter pedido aqueles outros.

A mulher de seu vizinho parece mais atraente do que a sua, embora você possa não saber que eles estão a ponto de se divorciar. Você fica com inveja de seu colega porque financeiramente ele está se saindo melhor que você, apesar de você achar que é mais esperto do que ele.

Existem homens que têm inveja de suas próprias esposas quando percebem que elas estão se realizando mais do que eles. Um irmão ficará com ciúme de outro que pareça ser o favorito da mãe, e assim por diante.

"Há duas tragédias no mundo", disse Oscar Wilde. "A primeira é querer possuir o que não se possui e a segunda é possuí-lo."

No *Kathopanisad*, o Senhor Yama estava plenamente convencido de que Naciketas, após algumas sessões de aprendizado, era um discípulo capaz de entender e compreender a verdade eterna. Ele também reconhecia que um professor pode às vezes ficar enciumado em relação a um aluno tão brilhante, e por isso recitou uma invocação de paz.

O Senhor Yama era um mestre instrutor, e Naciketas considerou-se afortunado por ter encontrado um professor como ele. Como terceiro desejo, recusou todas as ofertas de riqueza e confortos materiais e insistiu que o Senhor Yama lhe desse o conhecimento do mistério da vida e da verdade, aquilo que não podemos perceber com nossos sentidos. O mestre instrutor, humilde, via Naciketas, de nove anos de idade, como seu semelhante, e sabia que ele estava preparado para o conhecimento. A partir dessa história, nós aprendemos que você atrai aquilo para o que está preparado – em alguns casos, pode ser a divindade; em outros, podem ser a raiva e a inveja.

Voltando a Sham Nath e Chander, os vizinhos briguentos continuaram a discutir sobre a Mercedes estacionada. Uma tarde, um confronto sério terminou numa troca de socos. Depois disso, cada um por sua vez foi dar queixa à polícia. Eu só soube desse caso quando eles chegaram à sala de emergências do hospital em que trabalho. Mais de um ano depois do incidente, o caso ainda está na Justiça. Ambos se recusam a chegar a um acordo porque cada um deles acha que está certo e o outro errado.

Alguém sugeriu a Sham Nath que ele teria se saído melhor se tivesse voltado as costas a Chander, e, em vez de socá-lo, entrasse em sua própria casa e fosse socar um travesseiro. *O quê? Socar um travesseiro!* Sham Nath nunca teria feito isso! Como poderia pensar em expressar sua raiva em seu travesseiro? Todo mundo ao redor iria pensar que ele era um covarde. Seu ego jamais lhe permitiria fugir do campo de batalha. E mais: Sham Nath na verdade queria matar Chander, mas se continha, pois tinha consciência de que se o fizesse iria terminar na prisão pelo resto da vida. Era assim que se encontrava o "ama a teu próximo" dele.

Todos nós sabemos que incidentes banais desse tipo muitas vezes acabam com uma ou mais pessoas seriamente feridas ou mesmo mortas. Num acesso de raiva, a mente fica confusa e simplesmente não distingue mais nada. A raiva é um veneno lento que tem efeito cumulativo sobre o corpo – ao final, você explode e qualquer pessoa que esteja no perímetro de sua fúria pode se tornar vítima, mesmo depois de uma discussão aparentemente insignificante. As discussões acontecem porque o sistema de crenças da pessoa que argumenta é tão forte que sua mente se fecha a qualquer outra coisa. Mas tenha em mente que *sempre* existe a opção de se discutir tudo com a mente aberta.

❖❖❖

A verdadeira natureza de um ser humano é ser feliz, porque a fonte (consciência, realidade eterna) é júbilo. Como no oceano, há milhões de ondas, algumas grandes, outras pequenas, e todas são influenciadas pelo mundo externo. Os ventos, o sol, o clima e outros fatores o afetam, mas nas grandes profundezas o oceano é calmo. Sob a superfície não há tempestades, ondas e nem mesmo ondulações. A mente pode ser comparada a um oceano: você está destinado a experimentar eventos que podem gerar ansiedade, ciúme ou raiva. Se você permanece na "superfície" do oceano, não pode mudar nem controlar esses ventos, mas pode, por certo, lutar contra eles.

Quando o oceano luta contra os ventos fortes, ondas maiores levantam-se. Da mesma maneira, se você luta, sua raiva e confusão pioram, e o seu senso de distinção desaparece. Por outro lado, se você suprime a raiva, isso apenas fará você mudar de direção. Como a raiva é uma emoção difícil de controlar, mesmo dizendo a si mesmo: "Não seja voraz, não odeie ninguém, não fique raivoso", pode ocorrer de você, em vez de liberar a raiva, termine por retê-la, o que poderá alimentá-la até que finalmente venha a explodir.

Por isso, melhor que reprimir a raiva é desarmá-la, ou, melhor ainda, transformá-la com amor. Cada vez que você sente raiva, várias substâncias químicas (como catecolamina, adrenalina e noradrenalina) são liberadas em seu corpo, elevando suas pulsações e a pressão sanguínea, deixando seus músculos tensos e acelerando automaticamente sua respiração. Se você fica raivoso com frequência, com o tempo terá acumulado muitas dessas substâncias, podendo se tornar uma pessoa rabugenta e irritadiça. A violência irromperá em seu discurso e mesmo nos hábitos alimentares. O comportamento agressivo será notado na maior parte de suas ações – você tenderá a bater com as portas e fazer as coisas abruptamente –, devido ao acúmulo excessivo de substâncias químicas em seu sangue.

Essas mesmas substâncias obstruem o intelecto. A mente fica confusa e perde qualquer senso de distinção. É comum perceber que alguém dominado pela raiva não segue bons conselhos. Só uma mente repousada e um intelecto claro podem diferenciar o bem e o mal, o certo e o errado, e, ainda, entender e prever as consequências de decisões ou ações específicas. Repetidos episódios de raiva e violência levam você a descer os degraus da escada evolutiva. Em vez de *e*voluir para a iluminação, você *in*volui.

Permanece a pergunta: mas como você pode evitar a raiva e desarmá-la? Algumas pessoas acham que não há nada demais em correr para o quintal e gritar, desde que isso não seja dirigido a alguém. Surpreendentemente, não há evidências que comprovem que desafogar as aflições dessa maneira tenha realmente algum efeito benéfico. Mas sufocar a raiva também não ajuda. Então, o que se pode fazer?

A melhor maneira de reagir à raiva é prender a respiração por um momento; em seguida, respirar lenta e profundamente pelo nariz – isso detém a reação de pânico, acalma e coloca você novamente no controle. Você perceberá, assim, que não está tão completamente fora de si. A respiração lenta e profunda permite que a força da vida (ou *prana*) exerça um efeito calmante sobre as emoções, podendo causar um curto-circuito num acesso de raiva iminente.

Se alguma pessoa estiver irritada com você, sua raiva pode ser desarmada se você a fizer rir. As discussões são geralmente desnecessárias e podem ser combatidas pelo humor. Se você consegue ver humor em situações difíceis e/ou sérias, este lhe permitirá pensar adequadamente, tomar as decisões certas, e pode, inclusive, ajudar-lhe a extinguir a raiva. Se você sorri a maior parte do tempo, simplesmente não pode ser uma pessoa raivosa.

❖❖❖

A música também ajuda a desarmar a raiva. O universo inteiro vive com música, e os sons nada mais são do que suas frequências e vibrações. Hoje, a música composta pode incluir sons animais – inclusive as canções das baleias ou o cantar dos pássaros, o murmúrio de rios e córregos, o fluir e refluir das ondas do oceano e o farfalhar do vento entre as folhas. Os efeitos *calmantes* desses sons nos fazem lembrar que tudo na natureza está interconectado por som e música. Por essa razão, se todos os dias reservarmos um tempo para cantar ou ouvir música tranquila, estimularemos a quietude da mente que abrandará quaisquer ondas de raiva em formação.

As substâncias químicas perniciosas liberadas para a corrente sanguínea durante um episódio de raiva – ou acumuladas durante os momentos de sensação de raiva – podem ser usadas e domesticadas para gerar zelo, determinação e perseverança em vez de levarem à irritabilidade, agitação e inquietação. A melhor maneira de utilizar essa energia é fazendo exercícios. A sensação de bem-estar experimentada durante ou após o exercício é causada pelo efeito tranquilizante das endorfinas, que são secretadas pelo cérebro. São substâncias que se assemelham à morfina, sem quaisquer efeitos colaterais.

Vamos também compreender que a raiva não é de nossa natureza. Assim que se sentir irado, tome consciência disso, prenda a respiração e depois comece a respirar profunda e conscientemente. Isso nos permite ficar atrás e nos tornarmos testemunhas (*sakshi*, em sânscrito). Quando você observa a partir de seu Eu Superior, verá que a agitação e a perturbação permanecem na superfície. Desse modo, a raiva irá se dissolver e você poderá notar que está fisicamente relaxado, emocionalmente calmo, mentalmente alerta e espiritualmente consciente... E este é o *seu ser* verdadeiro. Esse estado jubiloso pode ser seu companheiro constante se você meditar com regularidade.

❖❖❖

Gostaria de terminar este capítulo com uma história sobre a vida de Buda.

Buda se encontrava caminhando com Ananda (seu primo e discípulo por toda a vida) e outros discípulos, quando quatro ou cinco jovens o detiveram e começaram a cobri-lo de impropérios. Buda simplesmente ficou parado – isso irritou muito os jovens, que passaram a gritar ainda mais. Buda continuou parado ali, sem reagir. Um dos homens gritou:

— Por que você não responde? Por que está quieto? Não tem nada para dizer?

Buda respondeu:

— Vocês chegaram um pouco tarde. Tivessem vindo uns dez anos antes, eu teria reagido, mas agora não estou mais aberto para aquilo que vocês estão tentando me dar. Estou com pressa, há pessoas esperando por mim na próxima aldeia. Se tiverem terminado, posso ir? Voltarei pelo mesmo caminho, talvez vocês possam encontrar-me outra vez.

Os homens ficaram intrigados. Um deles disse:

— Por favor, diga alguma coisa, qualquer coisa que lhe agrade.

Buda disse:

— As pessoas da última aldeia que visitei deram-me alguns doces quando eu estava de partida. Eu só aceito coisas de comer quando estou com fome, e naquele momento não estava com fome; então lhes devolvi os doces, com amor e bênçãos, para que os distribuíssem entre o povo da aldeia. Da mesma forma não aceitei os impropérios que vocês quiseram me dar. O que farão com eles agora? Sugiro que se desfaçam deles no caminho de volta à sua própria aldeia e levem em seu lugar o meu amor e as minhas bênçãos.

Se você pisoteia flores de jasmim, elas o perdoam com fragrância. Buda fez o mesmo com os jovens irados. E, no Capítulo 1, Naciketas pediu pelo amor e bem-estar do pai, que, num acesso de fúria, entregou-o à morte.

São Francisco resumiu melhor tudo isso quando orou: "Senhor, conceda que eu procure antes confortar do que ser confortado. Amar que ser amado."

❖❖❖

Capítulo Onze

A BATALHA DA VIDA É A BATALHA DOS DESEJOS CONTRÁRIOS

*Quando você possuir os pensamentos certos
e os desejos certos e disser: "Montanha, mova-se daqui",
a montanha se moverá.*

– Jesus

As pessoas se enganam ao interpretar erroneamente as Escrituras, quando elas afirmam que deveríamos ser livres do querer. Na realidade, não precisamos necessariamente ser livres do querer para não sermos perturbados por ele.

Ao vivermos entre objetos que atiçam os sentidos, é realmente muito fácil sermos seduzidos pelo desejo, um após o outro. Mas a pessoa que encontra a satisfação plena é aquela que conhece a paz e a felicidade verdadeiras, o que jamais pode ser alcançado quando se busca exclusivamente saciar as vontades.

Se os seus desejos beneficiam as pessoas ao seu redor, você encontrará paz interior e felicidade, algo que ninguém poderá lhe tirar. A riqueza material, ao contrário, não proporciona esse tipo de paz, simplesmente porque não é duradoura.

Os ensinamentos do Bhagavad Gita e dos *Upanishads*, quando corretamente compreendidos, afirmam que cada um de nós deseja, mas nosso desejo não deve de modo algum causar perturbação. O conhecimento correto se equipara aos desejos também corretos. E que os desejos corretos levam a ações corretas, porque ao final elas beneficiam todas as pessoas ao redor – família, nação, mundo.

Da história de Naciketas, nós apreendemos que existem dois caminhos à nossa frente: o caminho do bem, que traz satisfação verdadeira e alegria; e o caminho do prazer, que traz riqueza material e prazeres transitórios. A escolha que fazemos depende de nossos desejos.

O desejo pode ser o maior inimigo do ser humano, mas também sua maior esperança e melhor amigo. As pessoas que são egoístas e têm apetites insaciáveis se comparam ao fogo; quanto mais alimentam esses desejos, tanto mais cresce o seu apetite, para, ao final, a pessoa que deseja ser ela própria consumida.

❖❖❖

No grande épico, *Mahabharta*, Krishna (representando a nossa consciência) não luta a batalha por seu amigo e devoto, Arjuna (que representa a nossa mente); ele apenas o orienta. A mensagem que daí se pode extrair é a de que nós temos, sim, que lutar nossas próprias batalhas, depois de buscar o conselho sobre como percorrer o caminho do *dharma* e não sucumbir a desejos egoístas.

O desejo não é senão uma necessidade que queremos ver atendida. Se você suprime o desejo, ele se torna culpa, mas uma vez que você tem as raízes firmes no Eu Superior, todos os desejos encorajam-no a agir em Deus. Esses anseios resultarão em atos desinteressados de amor, compaixão, serviço e riqueza. O que mais um sábio pode desejar?

Por outro lado, quando decaímos na escada da evolução, a alma individual encarnada esquece que é uma onda e pensa que é o próprio oceano, identificando-se com o corpo e com o ego. Dessa maneira, circula pelo mundo sedutor dos objetos e se identifica com objetivos e emoções egoístas, como orgulho, sucesso, recompensas mundanas, riqueza, posição, honra e realização de desejos físicos. Às vezes, a divindade é deixada para trás e completamente esquecida, e os seres humanos se tornam terroristas ou tiranos, matando seres humanos inocentes em nome da própria glória, poder ou crença, terminando por se tornarem diabólicos. Hitler e Pol Pot são exemplos de tiranos egoístas.

Qual é a solução para esses problemas numa época em que forças divisionistas ameaçam constantemente a paz e a harmonia de nossa sociedade? Se a alma encarnada permanece mais próxima da sua fonte, em vez de se deixar afastar em busca da satisfação do ego e dos sentidos, assim, qualidades como compaixão, tolerância, compassividade, honestidade, confiança, amor e serviço vêm naturalmente à tona. A espiritualidade pode reintegrar as pessoas porque nos leva de volta aonde nos originamos.

Renuncie a tudo que se interponha no caminho de suas buscas "espirituais". O maior obstáculo é o ego – libere-o de uma vez por todas e não se identifique com ele. A atitude comum dos seres humanos é como a do veado macho que se orgulha de sua galhada e admira seu reflexo na água. Mas ao ouvir o rugido do tigre, foge – apenas para ver a galhada presa nos arbustos.

A busca de uma vida espiritual é um impulso evolutivo em todos os seres humanos. Se a sua relação com a vida é materialista (nome, fama, aquisições), você pode se sentir incompleto e ansioso. Se você tem um impulso "espiritual", você será chamado para uma vida mais integral, mais completa e realizada. Você também se sentirá "um" com a verdade absoluta e com o Eu Superior. Lembre-se: você é livre para escolher o caminho que *você* deseja.

❖ ❖ ❖

Os desejos são cumpridos através do intento. O intento prepara os alicerces necessários para que o desejo se manifeste do não manifestado. A única precondição é a de que você use seu intento em benefício da humanidade, o que acontece espontaneamente quando se está alinhado com as leis da natureza.

Paramhansa Sri Rama Krishna disse: "A brisa de Sua graça está sempre soprando; você apenas precisa içar as velas para captá-la." Aparentemente, com "içar velas" ele quis dizer "ter o desejo correto". A *a*tenção energiza e a *in*tenção organiza sua realização.

Em minha própria vida, eu desejava ser professor de educação médica. Não era um desejo egoísta e meu intento levou-me para mais perto da realização. Mas imaginem a minha grande surpresa e satisfação quando meus filhos, Deepak e Sanjiv, também se tornaram professores em seus respectivos campos.

O meu desejo "correto" colocou em movimento uma grande realização. Quando você tem amor no coração, a magia acontece e seus sonhos se tornam realidade. Os meus certamente se tornaram.

❖❖❖

Capítulo Doze

ALCANÇANDO AS PRAIAS DA IMORTALIDADE PELA CONQUISTA DA VIDA E DA MORTE

Nós vimos, nós vamos, e, enquanto isso, tentamos compreender.
— Rod Steiger

Na história de Naciketas, vimos que Vajasravasa, seu pai, tinha um medo mortal da morte. Ele sabia que teria de perecer um dia, mas se tinha de morrer, também queria atingir o céu. Todo mundo quer ir para o céu, mas ninguém quer morrer. Um dos maiores temores é a morte, mas nas antigas Escrituras a morte não era nem de longe algo tão preocupante.

❖❖❖

Mark Twain certa vez comentou que embora soubesse que todos têm de morrer um dia, ele sempre achava que poderia ser a exceção. Bem no fundo, muitas pessoas partilham do mesmo sentimento de Mark Twain, de que "isso não pode acontecer comigo". Encarar a inevitabilidade da morte é uma tarefa necessária na velhice. A reação é muito parecida à de um paciente terminal. Nesse caso, é comum se sofrer de depressão, uma espécie de lamento antecipado, mas durante as horas finais, um grande número de pessoas consegue se libertar da depressão. Elas criam muita expectativa (embora nem sempre felizes) em relação à morte – mas acabam ficando prontas para ela.

Buda ensinou a seus discípulos (inclusive a Ananda) que aqueles que levassem uma vida autodisciplinada e dedicassem atenção ao amor, à compaixão, ao serviço desinteressado, à esperança, à alegria e à interdependência viveriam uma vida de *dharma*. A velhice e a doença não iriam interferir em suas vidas, e a morte não os abalaria.

Ananda desabou quando percebeu que a morte pairava sobre o abençoado. Mas ao mesmo tempo percebeu também que Buda era a imagem da tranquilidade, e que seu corpo estava radiante e dourado. Buda disse a Ananda:

— Este corpo não sou eu. Qualquer pessoa que leve uma vida de *dharma* é um Buda, tão infinito quanto o céu.

Buda, símbolo de austeridade, amor e altruísmo, dirigiu-se pela última vez a todos aqueles que haviam se reunido ao seu redor, para lhe prestar os últimos respeitos, dizendo:

— Todas as coisas criadas devem passar. Esforcem-se por levar uma vida dedicada ao esforço correto, fundamentada no reconhecimento da inviolabilidade sagrada.

Sua mensagem é uma mensagem de vida – para a vida aqui e agora, neste exato momento. Quanto à questão metafísica sobre se um ser humano continua a viver após a morte, Buda manteve silêncio. Ele também poderia ter dito: "Eu não sei se uma pessoa *é* o corpo ou *está* no corpo enquanto vive – assim como não podemos dizer se após a morte do corpo ela estará realmente morta."

Os mestres Zen também dizem que a vida e a morte são os mistérios mais profundos e podem mesmo ser dois aspectos do mesmo mistério. A palavra *morte* pode ser comparada a uma porta – não sabemos para onde nos leva depois que é aberta. Podemos ver a porta, mas não o que há por trás dela. Por que preocupar-se com o que vai lhe acontecer depois que passar pela porta? Por que se preocupar com o futuro? É a vida no *momento presente* que é preciosa. Se você leva uma vida ativa, intensa, você morre em paz. Se você arrasta sua vida, queixando-se o tempo todo, você também arrasta sua morte. A morte não é um problema, mas viver como morto é.

Os mestres Zen também dizem que a morte não é para aqueles que vivem arraigados no centro de seu ser – o ciclone age sempre na periferia; nunca alcança o centro do ser. Uma pessoa que esteja arraigada em seu centro não conhece o medo. Ela não é apenas destemida ou brava – simplesmente é uma pessoa intrépida. Uma pessoa brava é uma pessoa que sente medo, embora lute contra ele; um covarde é alguém que tem medo, mas o segue. Uma pessoa sábia não é nem um nem outro, pois simplesmente não tem medo. Sabe que a morte é um mito, uma mentira. Para uma pessoa sábia, a morte não existe; apenas existe a vida – ou Deus. No momento em que você sente a não existência da morte, sente a verdadeira fonte da vida. Uma história dos antigos *Puranas* ilustra isso de maneira interessante.

Um urso zangado caça um viajante na floresta. Para escapar do animal selvagem, o viajante mergulha num poço seco e encontra em seu fundo um dragão com as mandíbulas escancaradas, pronto para engoli-lo. Sem se atrever a voltar para cima, o viajante consegue alcançar um ramo que crescia numa fenda da parede do poço, agarrando-se a ele. Mas suas mãos começam a perder a força. Ele então vê dois camundongos que se movimentam ao redor do ramo e começando a roê-lo. Enquanto os camundongos roem o ramo, o viajante percebe algumas gotas de mel em suas folhas e anseia por provar o mel com a língua. Ele não tem medo da morte.

❖❖❖

Todos nós queremos saber o que acontece após a morte, talvez porque esperamos assim superar o medo que sentimos em relação a ela. Se a morte não estivesse presente, nenhuma planta teria murchado, nenhuma pétala teria caído, nem animais, pássaros ou seres humanos teriam perecido. O mundo estaria estagnado.

A Teoria da Relatividade de Einstein rejeita a ideia de que a matéria e a energia tenham sido, de algum modo, "acrescentadas" ao espaço e ao tempo. Em vez disso, todos esses fenômenos são encarados como parte de uma totalidade única. São diferentes manifestações de uma única continuidade que se estende através de todos os eventos – passado, presente e futuro.

A totalidade continuada dos eventos é chamada de *continuum* do espaço-tempo. À medida que nos movemos e viajamos através dele, obtemos visões parciais e mutáveis de alguns pequenos eventos locais. Parece que a vida e a morte são pequenos eventos locais do *continuum*. Em toda parte em que a matéria aparece, o próprio *continuum* se encurva e sua geometria se torna complicada, criando a aparência de movimento acelerado pela força.

A abordagem de Einstein diz que a realidade é essencialmente invariável e indefinida, e o caminho para a verdade é a busca pela unidade, situada para além das aparências desconexas de nossas percepções limitadas do mundo.

Como disse Einstein: "A natureza guarda seus segredos por causa de sua imponência, mas não por meio de ardis." Onde quer que encontremos incerteza, ela mostra nossa ignorância; e nossa ignorância mostra a irrealidade. Einstein se recusou a fechar a porta ao conhecimento mais profundo. Havia dificuldades associadas a seu trabalho na teoria do campo unificado, incluindo outras forças além da gravitação. Nenhuma outra descoberta estava à vista. Seu verdadeiro interesse voltara-se para a realidade subjacente. Em seus anos de maturidade, ele disse: "Uma coisa que aprendi em minha longa vida é que toda ciência, comparada com a realidade, é primitiva e infantil, e, no entanto, é a coisa mais preciosa que possuímos."

Quando falamos de morte, falamos da morte do corpo físico. O Criador quis assim porque Ele pretendia liberar a Terra da pesadíssima carga de uma população sempre crescente. A morte do corpo é inevitável e chegará para o pobre, o rico, o ignorante e o iluminado.

Mas precisamos perceber que a dissolução física do corpo, por si só, não é a morte – é apenas um evento do espaço-tempo no *continuum* da vida. O seu ser real, a alma encarnada, nunca morrerá.

Ambição, raiva, sensualidade, ciúme, má-vontade para com os outros e falta de contentamento são venenos lentos que alimentam seu corpo dia após dia, até que seu corpo seja, por fim, devorado por eles. Você também contribui para sua própria morte prematura ao fazer as coisas erradas, alimentar-se com os alimentos errados e se debater com emoções negativas. A morte provém da confusão da percepção – quando percebemos a verdade, a morte não consegue nos tocar. Estamos no caminho da não existência da morte, o caminho da imortalidade.

❖❖❖

A experiência de quase-morte (NDE, em inglês) tem sido explicada por pessoas que voltaram após alguns minutos de morte aparente. Foi dito que se trata de um estado alterado de consciência, o qual envolve uma sensação de atemporalidade, de completa liberação da dor e de muito júbilo. Os pesquisadores que trabalham nesse campo são da opinião de que essa sensação de júbilo e de paz pode ser causada pelo bloqueio dos receptores cerebrais em relação a certos neurotransmissores que causam dor e miséria. A NDE suscita alterações como baixo fluxo sanguíneo, baixos níveis de oxigênio e hipoxia do lobo temporal. Se prolongada, leva à morte cerebral. Se a experiência de quase-morte é jubilosa, não seria também jubilosa a morte?

Infelizmente, com ajuda da tecnologia moderna, pacientes que chegam ao final da vida e se encontram em estado de grande dor são mantidos vivos durante meses. Dessa maneira, não se permite à pessoa que está morrendo que parta com dignidade. Por isso, devemos nos compenetrar de que a morte *não* é um evento mórbido, e uma pessoa deveria poder envelhecer e morrer tranquilamente. Vejamos a próxima história.

Quando conheci o Dr. Dabur, um clínico geral muito popular e ocupado, ele já tinha cerca de 80 anos. Era uma alma nobre e seus pacientes o adoravam por seu sorriso afetuoso e por sua dedicação ao trabalho. Ele chegou ao nosso hospital com dores no peito. Tinha uma angina instável e, em seu segundo dia no hospital, sofreu um sério ataque cardíaco. O rosto do Dr. Dabur estava sereno e tranquilo. Mesmo tendo passado por muita dor, estava calmo, mentalmente alerta e lúcido.

Ele se dirigiu a mim:

— Estou agradecido pelo que vocês fizeram por mim e pelo que gostariam de fazer, mas, por favor, não me incomodem mais. Vivi alguns bons sucessos e agora estou partindo. Estou aos pés do Senhor – é um lugar de muita paz e estou na bem-aventurança. Deus abençoe a todos vocês.

O monitor do eletroencefalógrafo mostrou uma linha reta – seu coração havia parado. Eu havia visto muitos pacientes morrerem no hospital, mas nada como aquilo. Cada um de nós ali na sala simplesmente ficou parado em silêncio.

❖❖❖

Parte IV

O ELIXIR DO AMOR: A ÚNICA RIQUEZA DIGNA DE SE POSSUIR NA VIDA

Capítulo Treze

O Espírito do Amor

A comunhão com Deus é vinho verdadeiro,
o vinho do amor extático.
– Paramhansa Sri Rama Krishna

Kama, o deus do amor, é também o deus do desejo, e há quem o veja como o demônio do amor, que traz sofrimento se o amor não for realizado. No *Bhagavad Purana*, um texto mitológico indiano, menciona-se que Kama pode levar a paixões enlouquecedoras, abrindo as portas ao desejo ardente – por sexo, poder e luta. Isso só ocorre quando o ego assume as rédeas e domina as necessidades da alma. Uma vez que isso acontece, o Senhor Shiva, deus da destruição, abre seu terceiro olho, o olho da distinção, e queima Kama até a morte.

Foi-se embora o amor? Não exatamente!

Os deuses então se aproximam de Vishnu, deus da preservação, e com sua graça, Krishna, que representa o amor e a consciência, torna-se o deus do amor divino, enquanto Kama torna-se o deus do romance apaixonado com o divino.

❖❖❖

A origem do amor reside no nível do Eu Superior, o Criador, Deus. Sua força atrai, opera e cria. Como Deus permeia tudo, o amor opera em *todos* os níveis da criação: o amor aproxima as partículas da matéria. Pássaros e animais cuidam de seus filhotes e aparentemente os amam até que fiquem crescidos – geralmente é um amor instintivo e não duradouro. O amor parece mais durável e significativo entre espécies como os elefantes, os golfinhos e os gorilas, que têm cérebros maiores, mais desenvolvidos. Esses animais exprimem compaixão, tristeza e alegria.

Algumas pessoas preferem chamar o amor animal de "vínculo". Mas se o vínculo é uma força de atração e criação, por que não chamá-lo de *amor*? Nos animais o amor é criativo – no sentido de continuar a progênie das espécies, envolvida de acordo com os ditames dos genes (DNA e RNA) – mas não passa daí. O amor entre os animais significa apenas "seguir o que os genes determinam" –, tornando-se responsável pela sobrevivência de suas espécies. Através do amor, os animais são atraídos pelos seus pares em certos momentos do ano – eles sentem prazer em se acasalar e procriar a descendência.

Um grande número de seres humanos também para por aí quando se trata de amor – seu amor culmina na propagação de sua progênie. Para além do amor reprodutivo, muitos seres humanos buscam também a alegria da mente e do intelecto; e assim criam arte, poesia e filosofia. Ao buscar a alegria no nível do Espírito, são atraídos para Deus e muitas vezes experimentam o êxtase, alcançando a consciência de Deus.

O amor humano é visível entre pais e filhos, marido e mulher, e amigos. E pode estender-se mais ainda a fim de incluir o mundo inteiro, que é realmente uma única família (*vasudeva kutambam*). Essa compreensão nos ajuda a alcançar a imortalidade – os pais, através da descendência; e os poetas, os artistas e os filósofos, através da poesia, da arte e da filosofia.

O amor baseado apenas na atração física tem vida curta, é efêmero, transitório e insatisfatório, mas quando há uma atração intelectual ou uma profunda amizade além da atração física, o vínculo se torna muito mais forte. Mais ainda, se você se move para além, num vislumbre do Eu Superior, seu amor torna-se imortal. É quando você ama as pessoas não por sua beleza e inteligência, mas pelo que elas são realmente. O amor humano se torna supremo quando você vê o divino no ser amado. Assim você se enche de amor – ao viver em júbilo, você se torna o próprio amor.

Pense nisso: quando você vê um pôr-do-sol na praia, você o ama e não espera nada em troca desse amor. Quando você expressa o amor da mesma forma por um ser humano, você não ama alguém pela recompensa ou por temer alguma punição. O amor não conhece nenhum medo; com efeito, na verdade, ele *conquista* todo medo.

Mas enquanto existir o ego – o "eu" e o "mim" – não haverá espaço para o amor. Quando *há* amor em seu coração, não pode haver ego. Quando você encontra um amigo depois de muito tempo, há alegria e paz; não há nenhum "eu" nem "mim", apenas o "nós", a unidade conectada que está além do ego. Você voa nas asas do amor até o seu Eu Superior, a divindade em você. É durante essa união com o Eu Superior que tudo mais é esquecido e somente a bem-aventurança permanece. Você assim renuncia ao ego e automaticamente também renuncia ao eu inferior (cobiça, lascívia, raiva e ciúme).

O universo inteiro é Deus manifestando-se numa multitude de formas e de nomes. Quando você ama a Deus, você ama o universo inteiro – a tudo e a todos – e quando você ama o universo, você ama a Deus.

Amar os semelhantes e prestar-lhes serviços é o melhor modo de alcançar Deus – o serviço é o amor em ação. No amor, a pessoa expande-se; no medo, encolhe-se. No amor você está aberto; no medo você fecha suas portas. No amor você nunca está sozinho ou solitário; você não está conectado somente ao ser amado, mas a todas as árvores, florestas, pássaros, astros, à lua, às galáxias, ao universo inteiro. É apenas quando você se mantém no medo que fica isolado, como um indivíduo solitário, esquecido por Deus.

Do amor, nascem a verdade, a honestidade e a confiança. Quando você mantém esses valores, você não tem medo de nada, nem de ninguém. Você tem um senso de segurança que leva ao desenvolvimento da compaixão, da caridade, da generosidade, da devoção, da dedicação, da disciplina, da gratidão, do contentamento, da humildade, da capacidade de perdoar, de esquecer, de falar suavemente. Se você tem contato com esses valores, você tem paz interior e transborda de alegria, o que não tem nada a ver com posses materiais. Moléculas felizes percorrem seu corpo e a graça de Deus estará com você.

❖❖❖

O senhor Rattan é um homem que conheço há 45 anos. Adora jogar tênis. Fico impressionado e intrigado por seu amor por esse jogo. Ele tem 75 anos, está entravado pela artrite, mas assim que entra na quadra, ele parece renascer, joga um jogo soberbo por até duas horas.

Eu não conseguia entender o fenômeno do jogo de tênis para Rattan.

— Não se cansa de jogar tênis todos os dias? — perguntei-lhe uma vez.

— Não, de jeito nenhum — replicou ele.— É muito divertido! É o jogo que importa, e você sabe que eu amo o tênis de todo o coração. Ouvi dizer que se você vive no coração, a magia acontece.

Rattan não medita regularmente, mas fica sentado em silêncio todas as manhãs olhando para a natureza – isso provavelmente influenciou cada aspecto de sua vida. É algo como o Zen, a forma japonesa de meditação budista. O Zen difere de outras formas de budismo afirmando que a mente devia ser deixada em paz para funcionar de modo integrado e espontâneo. Assim ela desenvolve uma virtude chamada *te*, através da qual adquire a espontaneidade que não se afetada por circunstâncias externas.

Os samurais, a classe guerreira do Japão, incorporaram o Zen em atividades como a luta de espadas, a arte do arco, a luta corporal e o judô. Eles acreditavam que depois que as técnicas de várias artes (a destreza) são dominadas, elas devem ser descartadas. Esse ato libera a ingenuidade e criatividade da mente. A ênfase é sempre na vida interior. Você não *se esforça* para produzir um efeito – e então chega o dia em que a flecha voa diretamente até o alvo, o golpe de espada é desferido sem reflexão, ou a raquete de tênis acerta a bola por si mesma – e você se descobre jogando enquanto medita, sem qualquer intenção ou desejo.

Praticar o Zen significa perceber a própria existência a cada momento. A vida não é perturbada por lamentações sobre o passado ou sonhos despertos com o futuro. Viver no presente e deleitar-se no Eu Superior é um estado de maravilha extática. Uma estranha sensação de bem-estar e paz o invade. É a ação de fazer sem estar consciente de estar fazendo, é como estar entre "fazer" o ato e "estar preso na ação".

Você não precisa ser zen-budista para alcançar um final assim. Rattan, por exemplo, ganhou muitos prêmios no tênis durante a vida, mas nunca o fez pelo nome ou pela fama, e não é por nada nem por ninguém a não ser por ele mesmo que ele continua a jogar. Ele continua a viver em mágica simplicidade, amando a todos a seu redor. Continua a jogar porque adora cada momento do jogo e não está interessado em impressionar ninguém ou se mostrar.

Lembre-se: "Se você vive em seu coração, a magia acontece."

❖❖❖

Capítulo Quatorze

A VIDA HUMANA É UMA DÁDIVA DO AMOR

Todo conhecimento é vão, salvo quando há trabalho.
Todo trabalho é vazio, salvo quando há amor.
— Khalil Gibran

No Capítulo 9, partilhei com você a história de Asthavakra. Ele tinha graves deficiências físicas, sendo descrito como "dobrado em oito lugares como um camelo" – e, no entanto, apesar de sua desvantagem, tornou-se um *rishi* (um grande sábio) e um filósofo. No mundo contemporâneo, muitos indivíduos com desvantagens físicas ou mentais também alcançaram grandes feitos.

Helen Keller, por exemplo – cega e surda desde os 19 meses, devido a uma escarlatina –, não só aprendeu a ler, escrever e falar, mas também se formou numa universidade, foi autora de livros, tornou-se palestrante e trabalhou a vida inteira pelos deficientes físicos.

Quando estudava no Radcliffe College, ela escreveu: "Eu caio, eu fico parada, eu me arrasto e avanço um pouco... Fico mais ansiosa, subo um pouco mais e começo a ver o horizonte se abrindo. Toda luta é uma vitória."

Stephen Hawking, um cientista brilhante e mundialmente famoso, sofre de esclerose amiotrófica lateral (ALS é a sigla em inglês), uma doença que prejudica os movimentos e a fala. Jornalistas o entrevistaram sobre a sua vida – é a fascinante história de um gênio fisicamente desafiado, com um corpo paralisado e uma mente extraordinária que extrai o máximo da vida sendo ativa e criativa.

— Durante toda a minha vida adulta — disse Hawking — tenho sido avisado de que posso ter uma morte prematura, de modo que não sinto medo. Mas não tenho pressa de morrer, há muita coisa que quero fazer antes.

Em relação à pergunta "o que o mantém ativo?", Stephen Hawking respondeu:

— Houve um tempo em que eu perguntava: "Por que isto teve de acontecer comigo?" Então me dei conta de que há muitas pessoas que são mais infelizes do que eu. Vidas jovens, cheias de promessas, são interrompidas por acidentes. Uma vez, quando estava no hospital, vi um menino, da cama em frente à minha, morrer de leucemia aguda. Por certo não era algo agradável de se ver. Ao menos, a minha condição não fazia com que me sentisse doente.

"Depois que o diagnóstico foi feito, eu não sabia o que iria me acontecer, nem com que rapidez a doença progrediria. Meus sonhos tinham sido perturbados. Como poderia utilizar melhor a minha vida? Durante algum tempo parecia haver uma nuvem obstruindo o meu futuro. Entretanto, eu não estava preocupado sobre quanto tempo viveria, desde que pudesse utilizar minha vida da melhor maneira possível."

Stephen Hawking alcançou os pináculos da glória – mesmo pessoas fisicamente robustas e inteligentes não foram capazes de alcançar o que ele conquistou. Somente aqueles que amam e gostam de seu trabalho são realizadores. Swami Vivekananda disse: "Você deveria saber que, se descansa, você enferruja, e o mesmo acontece com seu destino. Se você dorme, ele dorme com você. Ele acorda quando você acorda. Portanto, desperte, sacuda a preguiça e desfrute de seu trabalho". Você só poderá fazer isso se amar o seu trabalho.

Se ama seu trabalho, isso significa no devido tempo que não trabalhará *pela* alegria, mas sim *a partir* da alegria, alcançando um ponto em que todas as pedras do caminho se tornam degraus para o sucesso. Antes você flutuava ao longo do rio do tempo, mas agora sabe que pode nadar na direção certa. O amor pelo seu trabalho é divino – ele vem do criador, o Eu Superior – e transborda para os seres humanos seus semelhantes.

❖❖❖

No Capítulo 1, vimos que Vajasravasa, pai de Naciketas, organizou uma festa sacrifical chamada *Yajna*. Ele anunciou que daria tudo que possuía aos sacerdotes, mas Naciketas sabia da verdade.

Não importa quão grande e filantrópico seu ato possa parecer, se ele tem um propósito egoísta, não é caridade. Por outro lado, se sua ação é desinteressada e causa o bem, ela lhe dará alegria e paz interior, especialmente se você não cultiva o interesse por nome e fama.

O *Bhagavad Gita* afirma que os humanos ficam presos às suas ações, *exceto* quando elas são ofertadas como sacrifício e eficientemente. Quando um trabalho é feito com espírito de sacrifício, não há barganha possível. Você não oferece algo em sacrifício para ter algum ganho. O ato final de qualquer sacrifício é renunciar ao ego, ao "eu fiz isso", ao "eu sacrifiquei-me". Uma vez que o ego é aplacado, o sacrifício promove a sensação de paz e bem-aventurança.

O sacrifício está em toda parte. O sol brilha para lhe dar vida, a lua aparece para lhe dar paz, o oceano lhe envia a chuva, e a terra provê o alimento. Serviço e sacrifício seguem as leis da natureza. Aqueles que trabalham com o espírito de sacrifício alcançam o céu enquanto ainda estão na Terra, desfrutando de paz e júbilo eternos, a mais elevada expressão do amor humano.

❖❖❖

Capítulo Quinze

A ARTE DE DOAR NO AMOR

Aquele que doa com liberalidade vai diretamente aos deuses. Nos altos cumes do céu, ele se posta exaltado.
— Rig Veda

As pessoas doam-se o tempo todo sem expectativas. Um exemplo disso é Yong Rok Kim, um rapaz da Coreia do Sul. A Escola Bedmont Hill, de Boston, premiou-o com a honra de ter sido o melhor aluno formando, por ele ter se distinguido de várias maneiras, inclusive demonstrando sensibilidade em relação às outras pessoas. Seu amor e compaixão pelas crianças realmente não tinham limites. Todo o dinheiro, que ele economizava de suas despesas com os estudos e com os serviços avulsos que fazia, enviava para sua casa, na Coreia do Sul, a fim de ajudar as crianças pobres de sua cidade natal. Ele não conhecia essas crianças – sabia que elas precisavam de ajuda, não de piedade, e ele não esperava nada em troca por isso. A dádiva de amor de Kim pelas crianças da Coreia do Sul era assim concedida com toda a pureza de seu coração.

Oferecer uma dádiva não é uma transação; uma dádiva deve ser praticada sem motivo. Uma dádiva ficará contaminada se estiver baseada na ânsia por reconhecimento, arrogância, congratulação – ou se é dada a título de patrocínio, com a intenção de se conseguir um lugar na sociedade ou na história, ou para distribuir subornos no caminho do prestígio. Se uma dádiva estiver assim manchada, deve ser recusada, porque perturba a paz tanto do doador quanto do beneficiário. Se você dá com amor uma parte do que ganhou com o esforço de seu trabalho, não poderá ter crédito por isso.

Madre Teresa foi apóstolo do amor, da paz e do altruísmo. Sua vida foi vivida servindo aos pobres e aos espezinhados. Ela servia não apenas aos famintos, aos doentes e aos solitários. Os que estavam morrendo também eram trazidos às suas várias casas de caridade, onde recebiam roupas e alimentos.

— Mesmo se não podemos salvá-los nesse estágio terminal — dizia Madre Teresa —, certamente podemos ajudá-los a morrer com dignidade.

Madre Teresa via Deus em todas as pessoas. Dava-lhes amor incondicional e ilimitado, junto com a inspiração de servir amorosamente. Ela foi uma lenda durante a vida e o povo chamava-a de "a santa de Calcutá".

Krishna afirma no *Bhagavad Gita* que uma dádiva oferecida à pessoa errada no momento errado, não presenteada com o coração, ou entregue com orgulhoso desdém, é um presente de trevas que leva desarmonia aos seres semelhantes. Por outro lado, se você dá grandes bênçãos incondicionalmente, a sua vida se torna cheia de bem-aventurança e paz.

Portanto, é a *intenção* por trás do dar e do receber o que há de mais importante. A intenção deve ser sempre a de criar felicidade. O ato de dar deve ser alegre e a disposição mental deve ser de tal modo que você sinta alegria no próprio ato de dar. Assim, a energia por trás da doação se multiplica inúmeras vezes. Se você quer alegria, dê alegria aos outros. Se você quer amor, aprenda a dar amor. Se você quer atenção e apreciação, aprenda a dar atenção e apreciação. A maneira mais fácil de conseguir o que você quer é ajudando os outros a obterem o que eles querem.

No começo de sua vida, Florence Nightingale (1820-1910) foi abençoada com toda vantagem material que uma inglesa poderia ter.

Não obstante, quando tinha 16 anos, ela começou a se libertar do casulo de sua família vitoriana e decidiu fazer da enfermagem a sua vocação.

Em 1854, durante a Guerra da Crimeia, ela levou uma equipe de enfermeiras para Scutari (hoje na Turquia). Ali, depois que todos os oficiais médicos se retiravam durante a noite, esse anjo de misericórdia e altruísmo era visto fazendo suas rondas solitariamente, noite após noite. Ela trazia um sorriso no rosto, uma lâmpada na mão e amor no coração. Enfaixava os ferimentos e cuidava dos doentes com um transbordamento de amor, dando-lhes muita alegria. Era o amor verdadeiro em ação – o serviço desinteressado aos necessitados – sem o mínimo desejo de reconhecimento. Não havia antibióticos naquele tempo e as técnicas cirúrgicas não eram muito sofisticadas, e ainda assim a taxa de mortalidade entre os soldados feridos caiu de 42% para 2%, depois que Florence Nightingale entrou em cena. O reconhecimento veio espontaneamente e Nightingale se tornou uma das mulheres mais respeitadas e famosas da Inglaterra naquela época.

A imortal "dama da lâmpada", como era chamada, continua viva. Suas contribuições para a profissão da enfermagem foram inestimáveis, incluindo a criação de uma escola que marcou o início da educação profissional nesse campo. Os cuidados da enfermagem são responsáveis pelo salvamento de milhões de vidas em todo o mundo: tudo isso resultou dos atos amorosos e desinteressados de uma mulher notável.

❖❖❖

Capítulo Dezesseis

PARECENDO SER O QUE VOCÊ NÃO É

Você deve ser. Você não pode ser isso,
você não pode ser aquilo.
– Raman Maharishi

Certa vez, um santo sufi estava viajando com seus discípulos. Durante a jornada, ele acampou perto de um arvoredo onde havia alguns pombos descansando nos galhos. Um dos discípulos alvejou um dos pombos, matou-o, cozinhou e depois o comeu. Após aquele incidente, um grupo de pombos se aproximou e pairou acima da cabeça do santo sufi, que descansava sob uma das árvores. O sufi perguntou ao líder dos pombos do que se tratava.

O líder respondeu:

— Nós temos uma queixa a fazer contra vocês. Um de seus discípulos matou um de nós.

O sufi chamou o discípulo em questão e lhe perguntou o que havia acontecido. O discípulo disse que não havia feito nada demais – estava faminto e matara um dos pássaros para comer. O sufi transmitiu isso ao líder dos pássaros.

O líder respondeu:

— Talvez você não tenha entendido o que queremos dizer. A nossa queixa se refere ao fato de todos vocês terem chegado aqui vestidos como sufis, e, no entanto, terem agido como caçadores. Se tivessem vindo com roupas de caçadores, nós teríamos ficado em alerta. Quando os vimos com o disfarce de sufis, achamos que estávamos seguros e continuamos empoleirados no alto da árvore, sem ficarmos vigilantes. Vocês não deveriam parecer o que não são.

❖❖❖

A raposa é esperta por natureza, o gato é um grande caçador e o cachorro é fiel, mas os seres humanos são diferentes. Nós temos qualidades "boas" tanto quanto qualidades "más", e podemos transcender ambas em virtude de nossa natureza espiritual.

Para aqueles que desejam libertar-se dos laços da dualidade, a verdade precisa ser praticada diligentemente. Todas as pessoas podem cultivar a verdade na vida cotidiana. Se nossas mentes estão puras, nossas palavras também serão verdadeiras – sempre devemos pensar antes de falar, porque nossas palavras podem se voltar contra nós.

Ao aderir à verdade na vida cotidiana, a mente aprende a diferenciar, torna-se pura e se afasta naturalmente dos atos errados. Como uma mancha de lama nas roupas brancas, uma ação errada ou a inverdade praticada por uma pessoa evoluída destaca-se. A diligência na vida é essencial para o progresso espiritual.

Se você viajar por uma estrada de rodagem e entrar por um atalho acidentado, deve tomar cuidado para não quebrar os eixos do carro, apenas porque quer ganhar tempo. Para uma vida criativa e feliz, é melhor permanecer no caminho da retidão e da veracidade – mesmo que pareça um pouco mais longo.

Algumas pessoas acreditam que as mentiras diminuem o atrito social e que uma mentira contada com firmeza e bravura é romântica e nobre. Bella De Paullo, um professor de psicologia na Universidade da Virgínia, descobriu que, em dez minutos de conversa, um quinto do conteúdo é de inverdades, sendo que essa taxa cresce para um terço se os participantes tiverem educação universitária. A educação parece propiciar a algumas pessoas o vocabulário e a confiança para se valerem de mentiras.

A falsidade (*asatya*) pode parecer vantajosa às vezes, mas, ao final, a vitória é a verdade. *Asatya* pode parecer inofensiva quando vista superficialmente, mas forma a base para a fraude. E as pessoas que mentem o tempo todo aparentemente nada ouviram sobre a doutrina do karma. Porém, mesmo que tenham ouvido, parecem não compreender que tudo o que a gente pensa, diz ou faz sempre traz consequências – é uma equação de causa e efeito. Os mentirosos só acreditam que o mundo detesta os perdedores caso eles não tenham se dado bem material ou socialmente.

À medida que o padrão de vida eleva-se, a qualidade de vida parece cair – há mais fraude, engano, corrupção, propinas, festas noturnas e acúmulo de riqueza. Essas pessoas vivem num mundo sórdido e fantasioso, criado por elas próprias, e tudo isso arrasta a alma para uma existência subumana. Elas então barganham uma montanha de carma negativo, que lhes devolve o que lançaram no universo, sem falhas, não há meio de escapar. Todos têm de pagar seus débitos cármicos, seja nesta ou na próxima vida. O computador cósmico mantém o registro.

É somente através da simplicidade, da franqueza, da verdade, da humildade, da compaixão e da serenidade que você terá permissão para entrar em sintonia com o Eu Superior. Os mentirosos, os vãos, os vorazes e os enganadores nunca serão capazes de alcançar a paz mental. A vitória última é da verdade.

❖❖❖

No grande épico mitológico indiano, o *Mahabharta*, Krishna pediu a Yudishtra, o apóstolo da justiça e da verdade, para dizer uma mentira. Por que Krishna faria tal coisa? Porque ele percebeu que Drona, um grande mestre da guerra, dominando o uso de muitas armas letais, estava do lado do mal e tinha um segredo. Quando começou a usar sua arma mortífera, o exército dos *pandavas* começou a tombar e milhares de homens morreram instantaneamente. Era uma guerra injusta e Krishna viu que, a não ser que Drona fosse levado a depor suas armas, não sobraria nenhum soldado no exército dos *pandavas*.

Krishna chamou Yudishtra para ajudar, e depois que relatou seu plano, Yudishtra concordou em dizer uma mentira, a primeira em sua vida.

Yudishtra disse a Drona:

— Ashwathama, o elefante, está morto.

Ashwathama era o nome de um elefante morto algum tempo antes; mas era também o nome do bravo filho único de Drona. Conta-se que Yudishtra pronunciou alto a palavra "Ashwathama", mas a palavra "elefante" foi dita num tom baixo, de modo que Drona não ouvisse.

(Outra versão da história é ligeiramente diferente. De acordo com essa versão, Krishna pediu a Bhima, um dos irmãos *pandavas*, que gritasse que Ashwathama havia sido morto. Quando ele o fez, Drona não se iludiu porque sabia que Bhima não era um homem veraz. Então Krishna pediu a Yudishtra que repetisse a mesma afirmação, mas ele se recusou porque nunca iria recorrer à falsidade. Então o elefante Ashwathama foi morto e Yudishtra foi chamado a anunciar a sua morte. Krishna então soprou sua concha num momento tal que as palavras de Yudishtra, "O elefante chamado Ashwathama foi morto", foram ouvidas por Drona como "Ashwathama foi morto".)

Drona foi tomado pelo pesar, porque sabia que Yudishtra jamais diria uma mentira. A estratégia foi vantajosa e prática. Drona, que estava se comportando como um diabo, acabou morto pouco tempo depois; milhares e milhares de vidas foram salvas.

Não obstante, o carro de Yudishtra, que se dizia viajar sempre a um palmo acima do solo devido à força interior da verdade de Yudishtra, começou a se arrastar.

❖❖❖

Na prática, o caminho para a realização de qualquer ideal está destinado a apresentar dúvidas e obstáculos. Manter-se fiel à verdade na vida tem sido louvado pelas Escrituras como meio de garantir a dádiva do bem mais elevado, que é a libertação. Filosoficamente, há três níveis de verdade: a verdade absoluta (Deus); a verdade empírica (perceber o céu como sendo azul, embora não o seja); e a verdade aparente (uma miragem vista no deserto).

Dizer a verdade na vida cotidiana é apenas uma faceta da verdade – o aspecto mais profundo de sua prática é ser verdadeiro para com a própria consciência em pensamentos, palavras e ações. O discurso veraz não deve ser evasivo, enganoso ou vazio de sentido. A verdade dita a partir do compromisso de dizer sempre a verdade, por exemplo, quando fere os outros, não é a verdade. Mesmo que tenha de ser dita, deve sê-lo de modo a agradar a quem ouve. Na vida cotidiana não é sempre prático agir assim; portanto, deve-se procurar falar com discrição. Médicos que curam seus pacientes com palavras de conforto devem ser especialmente cuidadosos nesse sentido.

Uma senhora de 75 anos, uma de nossas pacientes, estivera em tratamento de diabetes e de um distúrbio cardíaco durante muitos anos. Em algum ponto de seu tratamento, descobriu-se que tinha a doença de Hodgkin. Em vista das condições de seu coração e dos possíveis efeitos colaterais da quimioterapia, e mediante consulta à sua família, decidiu-se não dizer à paciente o que ela tinha. Ela viveu bem por mais seis anos depois disso, sempre fazendo o tratamento cardíaco. O resultado poderia ter sido completamente diferente se lhe tivéssemos dito a verdade.

É importante ter conhecimento do que é real, do que é nossa natureza fundamental e da verdade absoluta. O conhecimento da verdade absoluta também pode ser referido como o conhecimento da verdadeira natureza do Eu Superior. A verdade pode ser descrita como o propósito primário da vida e a base de todos os outros valores humanos. A verdade é o valor último da liberdade humana. Aqueles que amam e observam a verdade amam o Criador, Deus; são pessoas que verdadeiramente buscam o Eu Superior, não aceitando nada menor.

❖❖❖

Capítulo Dezessete

O TAJ MAHAL: UMA CANÇÃO DE AMOR EM MÁRMORE OU UM SÍMBOLO DA AUTOGLORIFICAÇÃO DO XÁ JAHAN?

Conhecer o eterno significa iluminação. Não conhecer o eterno causa o despertar da paixão, e isso é mau.

– Lao-Tsé

Em 1631, o xá Jahan, imperador da Índia, encontrava-se ao lado da cama de sua amada rainha, Mumtaz Mahal, quando ela morreu ao dar à luz a última das quatorze crianças que concebeu com o imperador, durante seus dezenove anos de casamento. Depois de sua morte, o imperador cancelou todos os compromissos, foi para seus aposentos e trancou as portas por dentro. Durante oito dias permaneceu ali sem alimento ou vinho, e o único som que provinha de seus aposentos era um gemido baixo e contínuo.

Quando emergiu, finalmente, seu cabelo havia encanecido e suas costas estavam encurvadas. Ordenou que o país inteiro guardasse luto oficial: toda a música popular e atividades de diversão pública foram banidas; e perfumes, cosméticos, joalheria e roupas de cores vivas foram proibidos. Os transgressores eram acusados de desrespeito à falecida rainha e punidos. Ele trocou seu manto real por túnicas brancas e em pouco tempo o país inteiro se vestia de branco. O xá Jahan professava um amor tão intenso por Mumtaz Mahal que as pessoas pensavam que ele não viveria por muito tempo depois de sua morte. Por dois longos anos ele chorou sua perda.

Antes de sua morte, Mumtaz Mahal murmurou um desejo final ao ouvido do imperador: pediu que ele construísse um monumento de admiração eterna para celebrar o amor entre ambos. Pouco tempo após a sua morte, iniciou-se a construção do Taj Mahal. Ustad Isa, o arquiteto do Taj Mahal, empregou 20 mil trabalhadores e levou 20 anos para completar a construção do mausoléu. Hoje, ele se ergue como uma das maiores maravilhas do mundo – um memorial primoroso e belo do amor entre Mumtaz Mahal e o xá Jahan, que repousam em tumbas situadas bem no coração do monumento.

No Taj Mahal, a rica tapeçaria de imagens visuais – entalhadas, pintadas e cravejadas de pedras semipreciosas – juntamente com versos do sagrado Corão, transporta o visitante a um mundo diferente. A "joia branca" é o mais resplandecente monumento já construído por um homem para a mulher que amou. Ela continua a refletir a glória do amor do imperador por sua rainha – mas esse amor era divino?

Muitas pessoas não sabem que o elemento selvagem era muito forte no xá Jahan. Ele ordenou a morte de Khan-e-Jahan Lodi, o que foi aceito porque Khan-e-Jahan era um rebelde. Mas o imperador também ordenou que Hassan, o filho cativo de Khan-e-Jahan, fosse eliminado, de modo que não pudesse "poluir o ar puro do país com seu hálito pestilento". O comando do imperador foi obedecido e Hassan foi morto com ferros em brasa martelados através do crânio.

O modo como o xá Jahan chegou ao poder também demonstra uma natureza impiedosa. Ele assassinou o irmão e "limpou" o exército de elementos desleais, matando milhares de homens. Qualquer pessoa que tenha no coração amor incondicional por seu amado, tem o vislumbre do divino e amor por toda a criação. Uma pessoa assim jamais poderia ser cruel como o era o xá Jahan.

Não há dúvida de que o xá Jahan tinha bom gosto em arte, arquitetura e música, e criou o Taj Mahal, maravilha das maravilhas, para Mumtaz Mahal – mas os relatos históricos mostram que nele o selvagem dominava o amante, e que ele certamente não era nenhum puritano.

(A história do luto oficial do grande imperador, no início deste capítulo, parece ter-se originado do *Padsha Nama*, o jornal real, e, portanto, pode ser tendenciosa.)

❖❖❖

Baseado no que disse Chung Tzu (365-290 a.C.), mestre taoísta e filósofo chinês, a respeito da verdade, do amor e da pureza, alguém que encena uma demonstração de lamentação e tristeza não evoca simpatia ou pesar. Aquele que se força a ficar zangado pode parecer feroz, mas não imporá temor; e aquele que se esforça por ser afeiçoado, embora sorria, não irá criar uma atmosfera de calor ou amor.

A verdadeira tristeza não emite som, a verdadeira zanga não precisa se exibir para inspirar temor e o amor verdadeiro não precisa sorrir para criar calor. Quando um homem tem amor no coração e a verdade dentro de si, as vibrações do amor fluem para todos os seres vivos para levar paz e harmonia.

O amor é uma força criativa. O xá Jahan amava Mumtaz Mahal, mas também era vão e amava a si mesmo. Não obstante, Mumtaz Maha inspirou o amante e foi a magia de seu amor que transformou o xá Jahan e deu o Taj Mahal ao mundo. O Taj Mahal sempre nos lembrará de que o amor, com efeito, conquista tudo.

❖❖❖

Capítulo Dezoito

O AMOR APARECE SOB MUITOS DISFARCES

Tu, alma de minh'alma. Irei prender-te novamente.
– Robert Browning

Gostaria de terminar este livro examinando alguns exemplos dos diferentes tipos de amor que existem entre os seres humanos aqui na Terra.

Amor celestial

O amor é para todos os tempos e todas as estações, e também o são as canções de amor de Rabindra Nath Tagore. Tagore cobriu todos os aspectos do amor em suas canções e histórias, buscado inspiração em fontes variadas. O amor flui numa torrente infindável através de suas palavras, que incluem mais de mil poemas e duas mil canções, além de grande número de contos, romances e peças de teatro. Aos 70 anos, Tagore começou a pintar e produziu três mil obras extraordinárias. Contribuiu com a educação e as reformas sociais e foi seu profundo amor pela natureza e pela beleza que o inspirou e se refletiu em toda a sua obra.

Kadambri Devi, sua cunhada, foi o ponto focal de sua atenção. Ela morreu jovem, mas havia nela algo que encantava Tagore, e suas impressões a respeito dela foram refletidas em seus poemas e histórias. O relacionamento com Victoria Ocampo, uma advogada argentina defensora dos direitos da mulher e da igualdade entre os sexos, inspirou Tagore a escrever o livro de poesia *Purvi*. O amor de Tagore por Kadambri e Victoria Ocampo era baseado na atração intelectual. Foi esse amor duradouro, inspirado – um vislumbre do Eu Superior – que o levou a criar poesias, músicas e pinturas imortais.

Certa vez, Tagore escreveu a Ocampo: "Eu confio em minha providência. Digo... com toda humildade, que Deus me escolheu para uma missão especial e... acredito que seu amor pode de algum modo ajudar-me em minha realização." Tagore confiava no amor e tinha consciência de que o ego pode se colocar no caminho do progresso para a liberdade espiritual. Seu trabalho nos permite partilhar de sua compreensão divina do amor e da vida, de modo que também podemos vislumbrar o céu.

Amor amoroso

Kalidasa era um poeta que apreciava a beleza, o romance e a fruição da vida. Sua descrição imaginativa da forma, da beleza e do amor humanos não fica para trás de nenhuma outra – mas Kalidasa também afirmou em sua obra que o amor sensual descontrolado leva à loucura. Ele sentia que, uma vez que o amor é uma força vital cósmica, ele não deve ficar confinado ao prazer sensual.

Kalidasa foi um grande naturalista. Era sensível às mudanças que aconteciam na primavera e as relacionava ao humor e à paixão humanos. A resposta dos seres humanos a essa estação é fascinante. Embora os seres humanos se acasalem e copulem durante todo o ano (diferentemente das plantas e animais), a tendência à cópula aumenta na primavera. Os poetas compararam o clima da primavera a Kama, o deus do amor e do desejo.

O famoso poema de Kalidasa, "Kumara Sambhava", descreve como a primavera desce sobre a Terra e cria uma atmosfera penetrante e intoxicante, adequada à paixão amorosa. As setas de Kama e os efeitos da primavera abalam o equilíbrio mesmo da mente mais divina, e carregam-na de paixão.

Um pigmento das plantas chamado *fitocromo* sente a extensão do dia. Quando a extensão do dia aumenta, como ocorre na primavera, as plantas começam a florir. Os pássaros põem ovos e a maioria dos animais dá à luz seus filhotes na primavera, quando as plantas estão floridas. Mesmo a elefanta dá à luz na primavera, após uma gestação de 645 dias. Com um ciclo reprodutivo bem definido, há "interruptores" que ligam o elefante macho e a fêmea para o grande ato do acasalamento. Acredita-se que quando um elefante entra em *muskch*, anuncia sua prontidão para o acasalamento.

Há duas glândulas especiais chamadas glândulas temporais, uma em cada lado da cabeça do elefante, onde ocorre uma descarga. *Muskch* (a palavra é derivada de *almíscar*) é o odor que atrai os elefantes para o acasalamento. Quando um elefante macho entra em *muskch*, sua fisiologia e comportamento mudam dramaticamente: o nível do hormônio sexual testosterona cresce, aumentando sua agressividade e desejo de acasalamento.

Se o fluído *muskch* tem um odor especial ou um sinal sexual de algo como "venha até aqui", emitido pela fêmea, ainda é algo a se estabelecer. O Dr. Bala Subramanium, um eminente biólogo molecular, explica que odores sexuais similares são liberados por muitas espécies e são chamados feromônios (do grego *phero*, significando "transportar", e *mônio*, de *hormônio*). Os feromônios podem atrair ou repelir membros do sexo oposto.

O mecanismo por trás desse fenômeno é pouco compreendido atualmente. O Dr. Subramanium nota que os feromônios podem estar presentes em pássaros, répteis, mamíferos inferiores e seres humanos, onde são suprimidos vez por outra, reaparecendo em diferentes momentos ao longo da evolução. Até hoje, afirma o Dr.

Subramanium, não foram encontradas moléculas de feromônios em seres humanos, mas sinto que devem estar por ali. Digamos, por exemplo, que você entre num ambiente para conhecer uma pessoa que nunca viu antes. Você a localiza em seguida e em pouco tempo vocês se tornam amigos. Eu responsabilizo os feromônios pela atração (ou repulsão, quando você sente aversão pela mesma pessoa). Os feromônios parecem ser sutis e, desse modo, temos sido incapazes de isolar suas moléculas, mas ainda assim eles podem ser os responsáveis pela força de atração que reúne amigos, pais e filhos, ou um homem a uma mulher.

É o nível físico, biológico e amoroso do amor que nos atrai para perto – embora muitos outros fatores ajudem a sustentá-lo, ao ponto em que nos movemos para além do amor físico em direção ao amor intelectual e espiritual.

Amor instintivo

O único propósito na vida de um touro parece ser o de crescer até a maturidade e reproduzir-se de modo a propagar a espécie. A vaca cuida do bezerro e tem compaixão pelo filhote por algum tempo, depois esquece tudo a seu respeito. Os pássaros cantam para anunciar que estão prontos para o acasalamento e a construção do ninho. Eles cuidam de suas crias depois que os ovos eclodem, e depois os pequenos voam para longe – e os pais os esquecem e voam para outros lugares também.

Os seres humanos também têm um impulso instintivo para se propagar, mas o sexo é muito mais do que aquilo que os olhos veem no início. Afinal, para os seres humanos, o mais importante do amor está associado à corte e aos laços sagrados do matrimônio. A afeição e o amor entre casais bem emparelhados vão além das necessidades e barreiras materiais. O acasalamento se torna então um ato sagrado baseado no amor verdadeiro, resultando em êxtase.

O AMOR TORNADO AMARGO

É importante mencionar rapidamente os outros tipos de amor humano, como o amor não correspondido e o amor obsessivo. Esses tipos de amor são geralmente baseados no medo e na insegurança, na necessidade de controlar ou no desejo de experimentar a dor. Esse tipo de amor desprestigia o amor. Como um simples exemplo, o amor obsessivo privou o mundo da música comovente de John Lennon. Cuidado para não cair nesse tipo de amor!

AMOR SELVAGEM

Por um lado, existe o amor "eu renunciarei a tudo" – como o amor entre o rei Eduardo III e a senhora Wallis Simpson – e, por outro lado, existe o amor selvagem.

Em um debate recente sobre o amor entre alguns membros da elite da sociedade de Nova Déli, na Índia, diferentes pontos de vista foram expressos. Alguns participantes opinaram que o "anseio de fusão" estava sendo igualado ao "amor verdadeiro". Uma das participantes femininas disse que várias mulheres sentem que, gostem ou não, devem submeter-se às demandas por sexo dos maridos, para manter o casamento em pé, pois quando a mulher não cede, o amor se apaga. Esta certamente *não* deve ser a história do amor depois do casamento.

Mesmo fora do casamento, a moderna história de amor não é a história do amor romântico de antigamente. Os amantes adolescentes atuais não são flores virginais nem inocentes românticos. Em seu coração, são tigres ferozes que têm uma ânsia devoradora de se fundirem, mas logo depois o amor parece lhes murchar ou pode continuar apenas como luxúria. E a luxúria, seja por sexo, dinheiro ou poder, em última instância, leva à destruição. Permitindo que a luxúria governe e o corpo domine a mente e o intelecto, os seres humanos atribuíram um significado diferente ao poder do sexo.

Está dito no *Bhagavad Gita* que a luxúria, a cobiça e a ira são as portas triplas do inferno. Ao mostrar que o sexo é mais do que um mero exercício físico – dando-lhe o melhor e mais legítimo uso – , os seres humanos podem justificar sua existência.

Desde o início dos tempos, a luxúria tem sido mencionada no topo dos atributos humanos negativos. A resposta dos seres humanos à luxúria e à infidelidade tem sido a mesma em todas as sociedades, independentemente de credo ou cultura. Mas saiba que tais atributos puxam-no para baixo na escada da evolução. É a experiência do amor divino que o eleva.

Amor divino

De acordo com uma pesquisa de opinião nacional, realizada na Inglaterra em 1997, o maior poema de amor da história inglesa é "How do I love thee?" Esse poema não é apenas uma notável obra de literatura, mas veio das profundezas do coração e da alma de Elisabeth. Por trás dele, está uma das maiores histórias de amor *verdadeiro* do mundo.

O pai possessivo e autoritário de Elizabeth, um cavalheiro do interior chamado Edward Mautten Barrett, apreciava mais a ela do que a seus outros 11 filhos, porque era muito bonita e começara a escrever poesia precocemente.

Aos 15 anos, a queda de um cavalo abalou os nervos de Elizabeth, e quando ela tinha 22, sua mãe morreu. A essa altura, ela tinha a saúde fraca e, confinada em seu quarto, suspeitou-se que estivesse sofrendo de definhamento (tuberculose). Sua doença piorou quando seu irmão Edward, a quem amava muito, afogou-se ao nadar no mar.

Elizabeth passava os dias confinada no quarto, descansando e escrevendo; consequentemente ela se derramava em poesia criativa (embora em um tom bastante melancólico) para seu coração triste.

Em pouco tempo, tornou-se uma poetisa conhecida, com vários volumes publicados. No entanto, sentia-se miserável porque não havia para ela esperança de escapar da prisão – que consistia de sua doença, seu quarto solitário e o domínio tirânico do pai.

O primo de seu pai, John Kenyen, trazia para Elizabeth notícias da vida estimulante de Londres. Em suas conversas, um poeta figurava proeminentemente. Seu nome era Robert Browning, e ele próprio já havia feito nome como poeta. Elizabeth e John Keynen admiravam seus poemas, e ela tinha um de seus retratos emoldurado e pendurado no quarto, junto com os de outros quatro poetas altamente conceituados.

Robert Browning estava na Itália quando um de seus poemas foi incluído na coletânea de obras de Elizabeth, em dois volumes. A poesia requer imaginação e capacidade de se expressar em palavras e maneira apropriada – a habilidade de Elisabeth em fazê-lo era soberba. Voltando à Inglaterra em dezembro de 1844, Robert pegou o volume e ficou deliciado ao encontrar os comentários elogiosos de Elizabeth sobre sua poesia.

Robert havia gostado muito dos poemas de Elizabeth e ouvira falar dela através de John Kenyen. Robert escreveu a Elizabeth sobre a excelência de sua poesia – sua música fresca e estranha; e os novos pensamentos, verdadeiros e bravos. Assim se iniciou uma das mais fascinantes correspondências da literatura inglesa, e uma história igualmente cativante sobre amor divino.

Cartas de admiração fluíam entre Elizabeth Barrett e Robert Browning. Robert suplicava-lhe repetidamente que lhe permitisse visitá-la. Elizabeth ansiava por encontrá-lo, mas tinha medo de encarar o momento e o adiava. Ela escreveu: "Os invernos me fecham como aos olhos do rato-silvestre. Na primavera veremos."

Rapidamente Robert respondeu, com alegria e otimismo: "Vou aguardar alegremente pela delícia de sua amizade e da primavera."

Elizabeth sentia-se insegura, não só por causa de sua doença, mas também porque era seis anos mais velha que Browning e tinha pouca experiência de vida. Mas, por fim, o convite foi enviado e Robert e Elizabeth se encontraram. Ele ficou imediatamente cativado pela beleza dos olhos dela. Robert permaneceu lá por uma hora e meia, embora mais tarde ela tenha lhe confessado que "quando você chegou, nunca mais foi embora". O amor foi mútuo e durante encontros subsequentes, Robert expressou seu amor a Elizabeth.

De início, o pai dela não pensava que houvesse entre Elisabeth e Robert algo a mais do que uma amizade literária. Em breve, porém, ele começou a se ressentir da crescente influência de Robert sobre sua filha. Robert costumava ajudar Elizabeth a se por em pé no quarto e guiá-la carinhosamente até a janela para que ela pudesse absorver a beleza do jardim. Também a ajudava a descer as escadas até a sala de estar. A saúde de Elizabeth melhorou tanto que ela conseguiu até sair de carruagem.

A angústia de Robert era grande ao observar a impotência de Elizabeth (e de seus irmãos) diante da tirania do pai. Elizabeth, no entanto, sabia que tinha de fazer uma escolha entre o amor e uma vida de aprisionamento e morte. No dia 2 de setembro de 1846, Elizabeth Barrett e Robert Browning casaram-se secretamente, e, uma semana depois, Elizabeth deixou a casa do pai para sempre. Em uma carta ao pai, ela suplicou: "Perdoe-me em nome da filha que um dia amou." As cartas em que pedia perdão foram-lhe enviadas de volta anos depois, sem terem sido abertas ou lidas.

Para Robert, sua mulher era "amor lírico". Ele estava sempre intoxicado pelo amor que sentia por ela. E para Elizabeth, Robert era tudo. Elizabeth era uma inválida quando ele a viu pela primeira vez – embora não houvesse um diagnóstico definido, sua incapacidade era muito real para ela – e ela sentia muitas vezes que era uma imagem de indolência impotente.

O amor intenso, incondicional e ilimitado de Robert Browning, e sua devoção a Elizabeth tornaram sua vida bela, mais criativa e realizada. O amor divino entre eles transcendia os sentimentos e reações superficiais. Era amor divino. Eles partilhavam a magia do verdadeiro amor incondicional, que cada um buscava inconscientemente. Lembre-se: tudo o que procurar você encontrará.

O AMOR DIVINO É O VERDADEIRO AMOR

Você vê um pôr-do-sol na praia, as estrelas e a lua no céu, campos floridos, florestas, ou montanhas de cumes nevados – e você ama a cada uma dessas coisas, porque são sinais gloriosos de beleza. É uma apreciação parcial da beleza divina, da consciência suprema, do próprio Senhor. Ele brilha; tudo brilha.

Há uma centelha desse amor e júbilo divinos em qualquer atração entre dois seres humanos. Um dos nomes do Senhor é *Hari*, que significa "aquele que atrai". Também significa aquele que remove todas as obstruções e distrações – aquele que cura você e o mundo.

Quando você fica fascinado pelo lindo sorriso de sua amada, você não é atraído para os átomos e moléculas que formam aquele sorriso. Não, por trás das partículas está o jogo do amor divino. Você ama uma criança porque você ama o Senhor – você pode não o ver, mas Ele está ali, chamando e atraindo você. O fogo sempre salta para cima porque deseja encontrar-se com sua fonte, o sol. A água sempre flui para baixo na direção de sua fonte, o oceano. Similarmente, você ama o Senhor, sua fonte, e deseja estar unido a Ele, que está dentro de você. Quando você ama o Senhor e tem uma grande ligação com Ele, não precisa renunciar a nada, pois nenhum objeto mundano pode segurá-lo agora. Quando uma pessoa está apaixonada, qualquer coisa e tudo que pertence a seu amado é muito caro e muito sagrado para ela, porque ela teve um vislumbre do divino. O amor busca nada mais que a si mesmo – ele não é apenas o meio, é também o seu próprio fim.

Swami Vivekananda disse que quando um homem alcança o amor de Deus, ele ama a todos e não odeia ninguém, e fica contente para sempre. É o mesmo amor intenso que uma pessoa que não sabe diferenciar nada tem pelos efêmeros objetos dos sentidos. Mas quando o amor a Deus é plenamente desenvolvido, esse amor não pode ser explorado por saúde ou riqueza, por longevidade ou felicidade. Nele não há lugar para ciúme ou ódio porque o amante de Deus vê *tudo* como manifestação de Deus. Sua devoção é o ideal da vida espiritual e o meio de atingi-lo.

Um amante verdadeiro põe de lado seu isolamento, sua arrogância e seu ego, e quando o amor é puro e o amante vê a divindade em sua amada, então, amante, amada e Deus se tornam um, e não há possibilidade de separação.

Sempre que há amor verdadeiro em seu coração, milagres acontecem. Eles podem ter a forma de poesia, belas artes ou música. Você se torna mais criativo – a inspiração vem do cosmo e suas percepções se tornam cada vez mais sutis, de modo que seus olhos podem ver e seus ouvidos ouvir o que você não via e não ouvia antes.

❖❖❖

EPÍLOGO

Plantas e animais têm vida inteligente porque crescem e se multiplicam, e respondem a estímulos externos. Os animais partilham "laços" de amor com seus parceiros e ninhadas; entretanto, eles não têm a capacidade de compreender o que significa estar vivo. Os animais não possuem ego.

Os seres humanos são os únicos animais que têm consciência de si mesmos e consciência da consciência. As pessoas têm a liberdade de escolher serem vegetarianas ou não vegetarianas. Os seres humanos não têm "prazo marcado" – eles têm a oportunidade de estender seus períodos de vida para 90, 100 ou 120 anos. Embora seja raro alcançar os 120, a escolha existe.

Os seres humanos têm um intelecto e um agudo senso de distinção. Os seres humanos também são inquietos, com um ardente desejo de saber quem são, qual o propósito de sua vida e o que irá lhes acontecer após a morte. Enquanto viajamos juntos através deste livro, deparamo-nos com essas perguntas – o mistério e a magia da origem do universo e da vida pareceram muito interessantes, embora não tenhamos realmente *resolvido* o mistério.

A teoria do Big Bang é similar à antiga teoria indiana da *manifestação do universo*. De acordo com alguns adivinhos e astrólogos, o universo pode começar a se contrair na primeira ou segunda década do século XXI, quando nosso mundo irá se desintegrar e desaparecer. (Não houve comentários científicos a esse respeito.) De qualquer modo, se for assim, nada podemos fazer a respeito, então por que não fruir a vida enquanto seu curso está tranquilo?

O que devemos realmente entender, independentemente do que cremos, é que nossas vidas cotidianas são influenciadas por duas forças: a primeira é a realidade, a verdade (ou Deus), dentro e fora de você, que opera através do amor e é a maior das forças de atração. Ela também o leva à divindade e inspira atos inovadores e criativos como a arte, a poesia e a música. A segunda força que pode influenciar fortemente as pessoas é o diabo – que reside dentro de você, de mim e de todos –, também conhecido como ego. O ego destrói a cada um de nós, a não ser que uma estrita vigilância seja mantida sobre suas atividades. Nunca permita que o ego o avassale – em amor não existem o "eu", o "mim" ou o "meu".

A contenda em nossas vidas é entre as duas forças vitais – o amor e o ego. Isso se aplica somente aos seres humanos, porque somos conscientes de nossa existência e do que nos rodeia, e desejamos explorar a origem do universo e da vida.

Os seres humanos também são livres para decidir o que fazer com suas vidas. Eles têm a escolha entre ter *bons momentos* ou uma *boa vida*. Quando o ego domina, o senso de discriminação de um ser humano fica nebuloso e o ego o leva ao vale da ignorância, da miséria e da infelicidade através dos corredores da cobiça, do ódio, da luxúria, da raiva, do despeito e de prazeres sensuais transitórios.

Se o amor domina a vida de uma pessoa, não há espaço para o ego. O amor conduz através dos corredores da caridade (a arte de doar-se), da compaixão, da dedicação, da humildade, da capacidade de perdoar e esquecer, do contentamento e da gratidão. O céu na Terra é desfrutado, e a existência mesquinha de ciúme e preocupações é substituída por uma vida de brilho do sol, paz e júbilo.

Quando o amor governa nossos pensamentos, feitos e ações, nós entramos no vale da alegria eterna para a alma. O amor pelos seres humanos e pela vontade de ajudá-los segue espontaneamente, o que é a melhor maneira de alcançar Deus. O amor é a maior virtude humana – quando ele se torna divino, sua fragrância flui constantemente através de você para todos os que estão ao redor, alcançando grande amplitude e distância.

❖❖❖

GLOSSÁRIO

Arjuna: O herói do grande épico *Mahabharta*. Foi a ele que o Senhor Krishna concedeu os ensinamentos do *Bhagavad Gita*.

Asthavakra: O nome significa, literalmente, "dobrado em oito lugares". Sábio com 12 anos de idade, o diálogo entre ele e o rei Janaka constitui o texto do antigo *Asthavakra Gita*.

Atman: A alma incorporada. É *sat*, *chit* e *ananda* (existência, conhecimento e júbilo). *Atman* está além das limitações do corpo, mente e intelecto –, além do tempo e do espaço.

Bhagavad Gita: A grande Escritura antiga indiana. O diálogo entre Arjuna e Krishna representa uma interação entre a alma incorporada e a superalma, a consciência suprema. Krishna revela o conhecimento da vida e do viver, e o caminho do *dharma*.

Brahman: Derivado da raiz *brh*, que significa "crescer", *brahman* significa "maior que o grande". O maior, quando não associado a um objeto, indica o ilimitado. *Brahman* é o Eu Superior, a consciência suprema.

Buda: Vem da raiz *bugh*, estar acordado, estar consciente de, conhecer. Na Índia, Gautama se tornou buda após a iluminação.

Carma: A lei da causa e efeito. Aplica-se às ações – físicas, mentais ou verbais – de uma vida prévia, desta vida ou de uma vida futura, e explica as aparentes injustiças do mundo.

Ego (*ahmkara*): A identificação do "eu" com a mente e o corpo; o sentido de "proprietário".

Gopis: As amas-de-leite, companheiras de infância e devotas de Krishna. Elas representam o mundo ao redor, enquanto Krishna representa a consciência. As *gopis* são reverenciadas como a encarnação do estado ideal de devoção extática a Deus.

Japa: Recitação de um mantra, ou o nome do Senhor.

Jivanmukta: Aquele que percebeu a verdade da unicidade do eu com *Brahman* e o universo inteiro. Tais pessoas estão *no* mundo, mas não são *do* mundo.

Maharishi: Um grande sábio.

Mantra: Uma palavra ou som sagrado, investido do poder de transformar e proteger aquele que o recita.

Maya: O poder que vela a natureza real do eu, de modo que o universo é visto como separado do eu, e o indivíduo como separado de Deus.

Prana: A força vital do corpo.

Pranayama: Exercícios respiratórios pelos quais é regulada a entrada de *prana* no corpo.

Rishi: Um vidente da verdade, um sábio.

Samadhi: Estado de união meditativa com o eu; literalmente, "estar quieto".

Samskara: Ações ou pensamentos passados que permanecem latentes no subconsciente.

Siddhis: Os oito poderes que o iogue adquire através da prática da ioga.

Upanishads: Literalmente, significa "sentar-se aos pés do mestre", são os tratados espirituais da Índia que contêm sabedoria ao mesmo tempo universal e eterna. Cento e doze *Upanishads* foram escritos em sânscrito três mil anos atrás – os 13 *Upanishads* principais foram traduzidos para o inglês.

Vairagya: A ausência de desejo pelos frutos da própria ação. É o resultado de vigorosa discriminação, através da qual aquele que busca reconhece que os prazeres derivados do ganho material são "impermanentes".

Vedanta: Literalmente, significa "fim dos *Vedas*", e é uma das seis escolas de filosofia indiana que se originaram de discussões sobre a natureza do absoluto, ou do eu.

Vedas: As quatro Escrituras antigas e autoritárias consideradas como revelações divinas.

Yajna: Sacrifício ritualístico. Qualquer trabalho realizado no espírito da rendição a Deus.

❖❖❖

Anotações

Anotações

Anotações

Anotações

RR DONNELLEY

IMPRESSÃO E ACABAMENTO
Av Tucunaré 299 - Tamboré
Cep. 06460.020 - Barueri - SP - Brasil
Tel.: (55-11) 2148 3500 (55-21) 2286 8644
Fax: (55-11) 2148 3701 (55-21) 2286 8844

IMPRESSO EM SISTEMA CTP